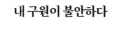

내 구원이 불안하다

내 구원이 불안하다

초판 1쇄 발행 | 2022년 9월 5일

지 은 이 | 하정완
펴 낸 이 | 이한민
펴 낸 곳 | 아르카

등록번호 | 제307-2017-18호
등록일자 | 2017년 3월 22일
주 소 | 서울 성북구 숭인로2길 61 길음동부센트레빌 106-1805
전 화 | 010-9510-7383
이 메 일 | arca_pub@naver.com

홈페이지 | www.arca.kr
블 로 그 | arca_pub.blog.me
페이스북 | fb.me/ARCApulishing

책 값 | 뒤표지에 있습니다
ISBN | 979-11-89393-34-2 03230

아르카ARCA는 기독출판사이며 방주ARK의 라틴어입니다(창 6:15).
네가 만들 방주는 이러하니 … 새가 그 종류대로, 가축이 그 종류대로,
땅에 기는 모든 것이 그 종류대로 각기 둘씩 네게로 나아오리니 그 생명을 보존하게 하라 _창 6:15, 20

온전한
회개
연습서

내 구원이 불안하다

하정완 지음

아르카

목차

Part

1

구원이 취소될 수 있는가?

Part

2

첫 번째 회개와 그 이후의 회개

Part

3

구체적으로 회개하라

죄로 고민하는 이들을 위해

1999년 12월 26일, 피를 한 세숫대야 토하며 정신을 잃었다. 위암
이었다. 위 전체를 절제하는 대수술을 한 후, 한 달 동안 서울대병원
에 입원해 있었다. 그때 병문안을 온 어떤 분들이 '목사님이 죽으면
하나님이 손해입니다'라는 말로 나를 위로하였다. 하지만 그때마다
나는 그 분들에게 "그런 말씀 하시지 말라"고 말하였다. 이유는 간
단했다. 한 달 동안 병원에 입원해 있으면서 떠오른 것이 온통 나의
죄들이었기 때문이다.

한 달 동안 아무것도 할 수 없었다. 위를 전절제한 까닭에 먹을
수도 없었고 말하는 것조차 힘들었다. 병실에 누워 있는 동안 내게
서 오로지 떠오르는 것은 나의 죄들이었다. 그런 까닭에 병원 생활

은 나에게 수도원에서 지내는 것과 같았다. 침묵과 금식, 그리고 자기 부정의 시간이었다. 그 고통의 시간은 시편 기자의 고백처럼 내게 유익하였다.

> 고난 당한 것이 내게 유익이라 이로 말미암아 내가 주의 율례들을 배우게 되었나이다 _시 119:71

회개 외에 나에게 다른 방법이 없었다. 그런 까닭에 수술을 하루 앞둔 주일에도 나는 설교하러 교회로 갔다. 병원 측이 절대 안 된다고 했지만, 나에게는 다른 것이 생각나지 않았다. 살든지 죽든지 내가 감당해야 할 것은 수술보다 중요한 설교자로서 사명이었다. 그나마 하나님 앞에 드릴 수 있는 나의 고백이었다.

한 달 후 퇴원했을 때, 그때부터 주일예배 등 모든 공예배 설교를 다시 시작했다. 하루에 아홉 끼로 나눠서 먹어야 했고, 한번 먹을 때마다 40번을 씹어먹었고 물도 마음껏 마실 수 없었지만, 목사로서의 사역만큼은 내려놓을 수 없었다. 동시에 나는 충분히 회개하면서 하나님 앞에 서야 했다. 내가 할 수 있는 최선이었다. 새로운 존재가 된 것 같았다.

하지만 놀랍게도, 시간이 지나면서 모든 것이 괜찮아지기 시작하자, 다시 죄가 스멀스멀 흘러나오는 것이었다. 내가 회개했던 죄들이 여전히 내 안에 남아 있었다. 건강해지면서 그 죄들은 다시 기승을 부리기 시작했다. 투병 중에 한 그 치열한 회개도 별것 아니었다는 것을 알았다.

이렇게 죄는 강력하다.

우리 몸에 새겨지고 정신에 박힌 듯 프로그램된 죄는 강력하다. 그것을 안 때부터 나의 회개는 더 치열해질 수밖에 없었다. 바울이 말년에 스스로 죄인 중의 괴수라고 고백한 것이 이해되었다.

늘 죄를 의식하고 하나님 앞에 나의 죄를 드러내고 회개하는 일은 내가 단 하루도 쉴 수 없는 것이 되었다. 내가 주의 일을 더 잘 하기 위함이고, 그 사명을 감당하기 위함이다. 죄로 인해 무너지지 않는다고 보장할 수 없기 때문이다. 이 책을 쓴 이유다.

이 책은 죄로 인해 고민하며 정확하게 회개하기를 원하는 이들을 위해 썼다. 그 간절한 이들에게 이 책이 도움이 되리라 믿는다. 마음 같아서는 세례 받기 전에 사용되는 책이 되기를 원하지만, 사실 회개는 어렵다. 그러므로 최소한 리더나 집사 같은 직분을 받기 전에라도 충분히 회개하는 데 쓰이기를 소망한다.

하정완 목사

Part

1

구원이
취소될 수
있는가?

당신의 구원은 확실한가?

하나님이 세상을 이처럼 사랑하사 독생자를 주셨으니 이는 그를 믿
는 자마다 멸망하지 않고 영생을 얻게 하려 하심이라 _요 3:16

구원의 문제를 건드리는 질문

분명히 누구든지 예수를 믿으면 구원에 이른다. 조건이 없다. 이것
은 복음의 핵심이다. 하지만 불편한 질문이 있다. "이 구원은 확실한
가?" 하는 질문이다.

이같은 질문을 던지는 이유는, 오랫동안 예수를 믿고 있는 이들

도 자신이 구원받은 것에 대해 확신하지 못하는 경우를 보기 때문이다. 그래서 구원파와 같이 구원의 문제를 건드리는 이단들의 질문에 쉽게 흔들린다. 왜 그런 것일까?

가장 큰 이유는 자신의 모습 때문이다. 믿는 게 분명한데 여전히 죄를 범하고 있고, 그 죄에서 벗어나지 못하는 현재의 모습 때문이다. 분명히 입으로는 예수를 '주님'이라고 고백하고 있지만, 과연 제대로 믿고 있는지 스스로 의심하기 때문이다.

그렇다면 의심하지 않고 믿고 있다면 괜찮은 것인가? 성경은 단순히 그렇다고 말하지 않는다. 마태복음을 보면 '그날', 곧 심판 날에 주님을 믿던 사람들이 주님 앞에 나오는 이야기가 나온다. 그들은 스스로 구원에 이른 자들이라고 생각한 것으로 보인다. 그 근거로 자랑스럽게 자신들이 한 일을 주님께 꺼낸다.

> 주님, 주님, 우리가 주님의 이름으로 예언을 하고, 주님의 이름으로 귀신을 쫓아내고, 또 주님의 이름으로 많은 기적을 행하지 않았습니까? _마 7:22, 새번역

이 정도면 구원이 확실해 보인다. 그들도 확신했던 것 같다. 그런데 예수님의 대답은 의외였다. 당황스러운 대답이었다.

> 내가 너희를 도무지 알지 못하니 불법을 행하는 자들아 내게서 떠나가라 _마 7:23

주님은 분명히 이 사람들이 구원받지 못했다고 말씀하셨다. 예언을 하고 귀신을 쫓아내고 많은 기적을 행하는 등, 외면적인 모습만 보면 구원받은 것이 분명해 보이지만, 주님이 모른다고 하신 것이다.

이같은 말씀은 우리에게도 심각하지 않을 수 없다. 누구나 구원받았을 것이라고 생각할 만한 목사, 선교사와 전도사, 장로와 권사와 집사 등의 직분을 갖고 있어도 주님이 모른다고 말할지 모르기 때문이다. 그러므로 이 질문을 던져보아야 한다.

'나는 구원받았는가?'

은혜를 거둬가시는 순간

1만 달란트 빚진 종이 있었다. 오늘의 화폐 단위가 아니기 때문에 그 액수의 크기가 잘 다가오지 않지만, 엄청난 액수이다. 한 달란트는 그 당시 유대 화폐 단위로 6천 드라크마인데, 한 드라크마는 로마의 은화 단위인 한 데나리온과 거의 같은 액수로서 하루 품삯이다. 그러므로 한 달란트는 6천 일 품삯이 된다. 이것을 년으로 환산하면 16년 4개월 정도 일한 품삯이 되므로, 1만 달란트는 약 16만 년을 일해야 벌 수 있는 돈이다. 절대로 갚을 수 없는 액수의 돈이라는 뜻이다.

그런데 주인은 그 종의 빚을 아무런 조건 없이 탕감해주었다. 그가 무슨 특별한 일을 한 것도 아니다. 무조건적인 은혜였다. 어떤 대가도 지불할 필요가 없었다. 사실 우리의 죄도 이같이 용서받았다. 그 종이 한 일이 없는 것처럼, 우리 역시 어떤 행위 때문에 구원받은 것이 아니다. 오로지 우리의 죄를 대속하여 죽으신 예수를 믿을 때 하나님의 은혜로 용서받은 것이다.

그런데 이 이야기는 그저 즐거운 이야기가 아니다. 엄청난 반전이 숨어 있기 때문이다. 그 1만 달란트 탕감받은 종이 그 전부를 모두 갚아야 하는 것으로 끝나기 때문이다. 왜 그렇게 된 것일까? 그 종의 빚이 원상복귀된 까닭은 무엇일까?

이 이야기를 자세히 살펴보면 알 수 있듯이, 그 종의 탕감 받은 빚이 복원된 시점은 놀랍게도 자신에게 1백 데나리온 빚진 동료 종을 엄격한 잣대로 정죄하고 감옥에 집어넣은 후였다.

> ³²악한 종아 네가 빌기에 내가 네 빚을 전부 탕감하여 주었거늘 ³³내가 너를 불쌍히 여김과 같이 너도 네 동관을 불쌍히 여김이 마땅치 아니하냐 하고 ³⁴주인이 노하여 그 빚을 다 갚도록 저를 옥졸들에게 붙이니라 _마 18:32-34, 개역한글

그렇다면 1만 달란트 탕감받은 자의 잘못은 무엇인가? 표면적으로 볼 때는 1백 데나리온 빚진 자에게 가혹하게 대한 것으로 보이지만, 더 깊이 들여다보면 그 자신이 엄청난 빚을 졌었다는 것을 잊은 것과 관계가 있다. 그것이 빚을 탕감해준 주인의 은혜를 잊은 것

으로 발전된 것이다. 그 순간 엄청난 탕감 사건을 아무런 의미가 없게 만든 것이다.

어떻게 이럴 수 있을까? 혹시 주인의 탕감은 조건적이었던 것인가? 어떤 조건이 충족되어야 탕감된다는 해석은 틀렸다. 실제로 주인이 빚을 탕감해준 것은 무조건적이었다. 그렇다면 무엇이 문제인가? 어쩌면 탕감받기 전의 그 종은 자신의 처지를 보면서 자신에게 1백 데나리온 빚진 자를 관대하게 대했을지도 모른다. 동병상련을 느꼈을 것이기 때문이다. 그런데 탕감받은 후 그 종이 오히려 이상해진 것이다. 성경은 그 종이 돌변한 시점을 이렇게 기록하고 있기 때문이다.

> [26] 그 종이 엎드려 절하며 이르되 내게 참으소서 다 갚으리이다 하거늘 [27] 그 종의 주인이 불쌍히 여겨 놓아 보내며 그 빚을 탕감하여 주었더니 [28] 그 종이 나가서 자기에게 백 데나리온 빚진 동료 한 사람을 만나 붙들어 목을 잡고 이르되 빚을 갚으라 하매 _마 18:26-28

놀랍게도 주인의 무조건적인 탕감이 오히려 그를 완악하게 만든 것처럼 보인다는 점이다. 탕감받은 후 관대해진 것이 아니라, 더 잔인해진 것이다. 결국 1만 달란트 탕감받은 것이 그에게 독으로 작용한 것이다. 주인의 무조건적인 용서가 값싼 은혜가 되는 순간이었다. 그것은 주인을 능욕하는 것을 의미했다.

사실 이것이 그동안의 기독교가 범한 잘못 중의 하나다. 본래 죄인이지만 하나님의 은혜로 축복을 누리고 풍요를 얻게 되었는데 그것을 잊어버리고, 가난하고 고통받는 자들을 불쌍히 여기고 돌보기는커녕 이기적 기독교로, 자신들만을 위한 종교로 만든 측면이 있기 때문이다.

그러므로, 주님은 용서 이야기를 하면서 이 이야기를 말씀하셨지만, 이 이야기의 행간에 숨어 있는 메시지는 우리를 심각하게 한다. 바로 상상할 수 없는 은혜로 구원받은 것으로 비유될 수 있는 1만 달란트를 그 종이 다시 갚아야 하는 것처럼, 우리의 구원이 취소될 수도 있다는 메시지가 보이기 때문이다.

'구원이 취소될 수 있다'

우리가 지은 죄는 1만 달란트로 비유될 수 있는 정도를 넘어서는 죄로, 우리가 도무지 갚을 방법이 없는 크기의 죄다. 그것의 결과로 우리는 이미 "죄로 죽었던"(엡 2:1) 상태였고, 육체적인 죽음 이후 영원한 사망에 이르는 결과를 만나야 하는 상태였다. 그런데 우리의 죄를 대속하여 죽으신 예수를 믿을 때 하나님의 은혜로 용서받은 것이다. 물론 이것은 1만 달란트 탕감받은 자의 경우처럼 우리의 행위에서 비롯된 것은 아니다.

8너희는 그 은혜에 의하여 믿음으로 말미암아 구원을 받았으니 이

것은 너희에게서 난 것이 아니요 하나님의 선물이라 ⁹행위에서 난
것이 아니니 이는 누구든지 자랑하지 못하게 함이라 _엡 2:8-9

여기서 불편한 생각을 던져야 할 것 같다. 우리의 죄가 완전히 사
라졌지만, 여전히 남아 있을지도 모른다는 의심이다. 그 증거가 1만
달란트 빚진 자가 경험한 빚의 복원에서 확인된다. 그는 순식간에
모든 빚을 다시 갚아야 했다. 무서운 것은, 우리의 죄 역시 우리의
행위가 아니라 무조건적인 하나님의 은혜로 용서받은 것이기에, 다
시 죄가 복원될지도 모른다는 걱정이 드는 것이 사실이다. 왜냐하
면 주님께서 이 비유의 결론을 다음과 같이 말씀하셨기 때문이다.

너희가 각각 마음으로부터 형제를 용서하지 아니하면 나의 하늘 아
버지께서도 너희에게 이와 같이 하시리라 _마 18:35

"너희에게 이와 같이 하시리라."
이 말씀은 무섭다. "이와 같이"는 "1만 달란트 빚진 자에게 한 것
같이"라는 말이기 때문이다. 그러니까 우리의 용서받은 죄가 다시
복원될 수 있다는 뜻이다. 그렇다면 믿음으로 하나님의 은혜에 의
하여 구원받은 자라도 타락할 수 있는가? 놀랍게도 성경은 그럴 수
있다고 기록한다.

⁴한 번 빛을 받고 하늘의 은사를 맛보고 성령에 참여한 바 되고 ⁵하

나님의 선한 말씀과 내세의 능력을 맛보고도 [6]타락한 자들은 다시 새롭게 하여 회개하게 할 수 없나니 이는 그들이 하나님의 아들을 다시 십자가에 못 박아 드러내 놓고 욕되게 함이라 _히 6:4-6

 묵상질문

우리의 죄가 다시 복원될 수 있다! 이같은 가정만으로도 끔찍한 일이 아닐 수 없다. 정직하게 생각해보자. 이런 말을 들었을 때 어떤 생각이 들었는가?

_____

_____

_____

_____

_____

계속 죄를 지을 수 있겠는가?

—————————— 예수를 주(主)로 믿으면 누구든지 구원에 이른다는 것은 명확한 진리인데, 어떻게 구원에서 벗어날 수 있다는 말인가? 어떻게 구원이 취소될 수 있다고 말하는가? 우리의 죄 때문인가?

사실 죄는 문제가 되지 않는다. 우리의 모든 죄는 예수 그리스도께서 십자가에서 대속적 죽음으로 해결하셨기 때문이다. 그리스도께서 우리를 "죄와 사망의 법에서"(롬 8:2) 해방시키셨다. 전적인 하나님의 은혜다. 우리의 선한 행위나 노력으로 죄를 해결한 것이 아니다. 1만 달란트 탕감받은 자처럼 말이다.

의도적으로 죄를 범하기

그렇다면 죄를 지어도 괜찮은가? 물론 아니다. 그러나 주님이 우리가 짓는 죄의 상황을 심하게 책망하지 않으시는 이유는 한 가지 때문이다. 겟세마네 동산에서 주님이 말씀하신 것처럼(마 26:41), 우리의 육신이 약해서 무너지지만 마음은 원하지 않기 때문이다. 마음은 죄를 짓기 원하는 것이 아니기 때문이다.

그러므로 연약함으로 인해 죄를 지었지만, 죄를 의도적으로 짓는 것은 아니다. 실제로 크리스천이라 할지라도 우리는 늘 죄에 노출된 존재이다. 그래서 죄를 짓는다. 하지만 계속해서 쉬지 않고 죄를 범하거나, 그것도 의도적으로 계속 죄를 범하는 것은 불가능하다. 우리가 예수를 믿은 것은 성령의 감동으로 이뤄진 까닭이다.

성령으로 아니하고는 누구든지 예수를 주시라 할 수 없느니라

_고전 12:3

우리가 예수를 주라고 고백하게 된 것은 성령의 역사이신 까닭에, 우리가 예수를 믿고 있는 순간부터 하나님이 우리 안에 거하신다. 하나님의 성령이 거하시는 것이다.

너희는 너희가 하나님의 성전인 것과 하나님의 성령이 너희 안에

계시는 것을 알지 못하느냐 _고전 3:16

이처럼 하나님의 성령이 우리 안에 계시는 까닭에 우리 안에서 속삭이시며 모든 것을 가르치시고 생각나게 하신다.

> 보혜사 곧 아버지께서 내 이름으로 보내실 성령 그가 너희에게 모든 것을 가르치고 내가 너희에게 말한 모든 것을 생각나게 하리라
> _요 14:26

> [19]너희를 넘겨 줄 때에 어떻게 또는 무엇을 말할까 염려하지 말라 그 때에 너희에게 할 말을 주시리니 [20]말하는 이는 너희가 아니라 너희 속에서 말씀하시는 이 곧 너희 아버지의 성령이시니라 _마 10:19-20

이것 때문이다. 하나님의 성령이 우리 안에 거하시기 때문에 우리는 연약함과 그동안의 구습 때문에 죄를 범할 수는 있지만, 의도적으로 죄를 계속 범할 수는 없다. 성령께서 강력하게 반응하시고, 더욱이 우리의 죄에 대해 근심하시기 때문이다. 그래서 우리 영도 민감하게 반응하기 때문이다.

> [26]분을 내어도 죄를 짓지 말며 해가 지도록 분을 품지 말고 [27]마귀에게 틈을 주지 말라 [28]도둑질하는 자는 다시 도둑질하지 말고… [29]무릇 더러운 말은 너희 입 밖에도 내지 말고… [30]하나님의 성령을 근심하게 하지 말라 그 안에서 너희가 구원의 날까지 인치심을 받았느니라 [31]너희는 모든 악독과 노함과 분냄과 떠드는 것과 비방하는 것

용서받을 수 없는 죄가 있다

우리 영은 이같은 성령의 근심을 느낄 수밖에 없다. 그래서 멈추지 않고 의도적으로 계속 죄를 범하는 것은 어렵다. 죄를 짓지 않는다는 말이 아니라, 죄를 짓더라도 죄를 회개하고, 그 죄를 잠시라도 멈춘다는 뜻이다. 물론 다시 죄를 범한다. 하지만 일시적이라도 멈추는 상태 없이 지속적으로 죄를 범하기는 쉽지 않다.

그런데 계속 쉬지 않고 죄를 범한다? 멈추지 않고 의도적으로 짐짓 죄를 범한다? 그것은 이미 성령의 속삭임과 근심에 반응하지 않고 무시하고 거절한다는 뜻이다. 주님이 하신 말로 인용하면 성령을 모독하는 것이다. 소위, 용서받을 수 없는 죄를 범하는 것이다.

누구든지 성령을 모독하는 자는 영원히 사하심을 얻지 못하고 영원한 죄가 되느니라 _막 3:29

이 상태를 히브리서 기자는 다시 속죄하는 제사가 없는 상태라고 설명하였다.

²⁶우리가 진리를 아는 지식을 받은 후 짐짓 죄를 범한즉 다시 속죄하

는 제사가 없고 ²⁷오직 무서운 마음으로 심판을 기다리는 것과 대적하는 자를 태울 맹렬한 불만 있으리라 _히 10:26-27

우리가 예수를 영접하여 믿는 순간 성령은 우리 안에 내주하시며 속삭이신다. 그런 까닭에 분명히 진리를 아는 지식이 생긴다. 곧 우리를 위해 죽으신 예수 그리스도, 이를 위해 아들을 내어주신 하나님 아버지, 그리고 끊임없이 말씀하시는 성령을 통해 복음의 진리를 깨닫게 된다.

그런데 '짐짓 죄를 범한다?' NIV는 이것을 'keep on sinning' 곧 '계속해서 죄를 짓고 있는 것'이라고 번역했는데, 불가능한 일이다. 성령이 우리 안에서 속삭이시기 때문이다. 그러므로 짐짓 계속해서 쉬지 않고 죄를 짓고 있을 뿐 아니라, 그 죄에 대하여 부끄러움이나 죄의식 없이 계속 저지르고 있다면, 성령이 내주하지 않는 상태라고 말하지 않을 수 없다.

우리는 성령이 우리 안에 내주하시기 때문에 의도적으로 멈춤이 없이 계속 죄를 범할 수 없다. 그래서 우리는 쉼 없이 죄로 인해 괴로워하고 회개하며 다시 다짐한다. 이처럼 다시 죄를 범하고 무너지지만, 언제나 용서하시고 또 기회를 주시는 하나님의 은혜에 힘입어 다시 시작하는 것이다. 표현이 이상하지만, 그리스도 안에 있으므로 성령의 인도를 받는 자들은 간헐적으로 죄를 지을 뿐이다.

사실 바울도 우리처럼 평생 고민했던 것이 죄의 문제였다. 그래서 바울은 여전히 죄를 짓는 자신의 모습을 매우 괴로워했다.

¹⁹내가 원하는 바 선은 행하지 아니하고 도리어 원하지 아니하는 바 악을 행하는도다 ²⁰만일 내가 원하지 아니하는 그것을 하면 이를 행하는 자는 내가 아니요 내 속에 거하는 죄니라… ²⁴오호라 나는 곤고한 사람이로다 이 사망의 몸에서 누가 나를 건져내랴 _롬 7:19-20,24

하지만 하나님의 용서는 여전히 유효했다. 그것의 이유는 바울이 죄의 연속에 머물지 않고 죄의 단절을 살고 있었기 때문이다.

우리 주 예수 그리스도로 말미암아 하나님께 감사하리로다 그런즉 내 자신이 마음으로는 하나님의 법을 육신으로는 죄의 법을 섬기노라 _롬 7:25

하나님은 "마음으로는 하나님의 법을 … 섬기노라"는 바울의 고백의 의미를 알고 계셨다. 비록 육신은 죄의 법을 섬기고 있었지만, 곧 육신의 연약함으로 죄를 범하고 있었지만, 끊임없이 죄의 단절을 시도하고 있었다는 뜻이기 때문이다. 주님은 그 사실을 알고 계셨고, 여전히 마음을 뺏기지 않고 주님을 의존하고 있는 그에게 하나님의 무조건적인 은혜는 여전히 유효하다는 사실을 알게 하신 것이다. 그래서 이어진 구절에서 바울은 이렇게 외친다.

그러므로 이제 그리스도 예수 안에 있는 자에게는 결코 정죄함이 없나니 _롬 8:1

우리는 계속해서 죄를 지을 수 없다. 불가능하다. 성령이 우리 안에서 속삭이시기 때문이다. 그러므로 만일 우리가 죄를 아무 거리낌 없이 범하고, 그것도 짐짓 의도적으로 죄를 범하고 있으며, 그 죄로 인한 어떤 부끄러움도 마음이 느끼지 못하고 있다면, 한 가지는 분명하다. 성령이 그 안에 없다는 사실이다. 그렇다면 자신이 구원받았는지를 의심해야 한다.

무서운 가능성

이제 이런 질문이 생길 수 있다. "분명히 예수를 주로 고백하고 믿었는데 구원에 이르지 못할 수 있는가?" 하는 것이다. 물론 예수를 믿게 된 것이 성령의 감동으로 이뤄진 것이 분명하다면 구원은 확실하다. 그렇다면 왜 타락에 이를 수 있다고 말하는가?

첫 번째 가능성은 '착각'일 수 있다. 내가 믿는 것이 성령의 감동에 의한 것이 아니라, 내가 어떤 클럽의 회원이 되듯이 기독교를 종교로서 이성적으로 택한 것일 수 있기 때문이다. 이처럼 회원으로서 가입한 것처럼 믿은 것에 불과한데, 성령의 감동으로 믿은 것으로 착각할 수 있다.

문제는 두 번째 가능성인데, '믿음의 문제'다. 분명 우리가 믿게 된 것은 성령의 감동으로 된 것이 확실한데, 타락에 이르렀다는 것은 무엇인가 믿음에 문제가 있다는 뜻이다. 즉 믿음이 훼손되었거나 믿음의 성숙으로 온전히 나아가지 못했기 때문일 수 있다.

히브리서 6장에서 우리는 그 문제에 대한 힌트를 찾게 된다.

6장 4절부터 믿다가 타락한 자들을 설명한다. 그런데 그 타락에 이른 자들의 현재 모습을 1절에서 3절까지 적고 있는데, 놀랍게도 거기에 등장하는 크리스천의 모습이 우리와 다르지 않다는 점이다.

> ^{1}그러므로 우리가 그리스도의 도의 초보를 버리고 죽은 행실을 회개함과 하나님께 대한 신앙과 ^{2}세례들과 안수와 죽은 자의 부활과 영원한 심판에 관한 교훈의 터를 다시 닦지 말고 완전한 데로 나아갈지니라 ^{3}하나님께서 허락하시면 우리가 이것을 하리라 _히 6:1-3

분명히 이 말씀은 예수를 믿지 않는 사람에 대하여 말하는 것이 아니라 회개한 자들에 대한 것이고, 믿음과 세례 그리고 부활과 심판에 대하여 아는 자들에 대한 것이다. 우리가 알듯이 회개하고 믿음에 이른 사람들이라면 성령의 감동으로 된 것이고, 하나님의 말씀의 감동을 받은 사람일 것이다.

단지 한 가지 문제가 있는데, 그것은 성숙한 경지로 나아가지 못한 채 초보적인 가르침에 머문 상태라는 점이다. 그런데 갑자기 이어지는 4절부터 히브리서 기자는 이들의 타락을 말한다. 분명히 성령의 역사로 회개하고 믿음을 가진 자들임이 분명한데, 타락하여 다시 회개할 수 없는 지경에 이르렀다고 말한 것이다.

⁴한 번 빛을 받고 하늘의 은사를 맛보고 성령에 참여한 바 되고 ⁵하나님의 선한 말씀과 내세의 능력을 맛보고도 ⁶타락한 자들은 다시 새롭게 하여 회개하게 할 수 없나니 이는 그들이 하나님의 아들을 다시 십자가에 못 박아 드러내 놓고 욕되게 함이라 _히 6:4-6

"분명히 회개하여 믿음에 이른 자들이며 그 믿음의 과정에 성령의 역사가 있는 것이 분명한데 어떻게 타락할 수 있는가" 하는 질문이 든다. 정말 타락이 가능한가?

우리는 그 이유가 바로 앞의 구절 외에는 설명되고 있지 않음을 주의하고 그 구절들에서 이유를 찾아야 하는데, 단지 초보적인 상태라고 말한다는 사실이다. 그렇다면 초보적인 믿음의 상태가 타락할 가능성에 이르게 하는가?

물론 초보적 신앙의 상태가 구원에서 탈락한다는 뜻은 아니다. 단지 초보적 신앙에 머문 채 성숙으로 나아가지 않을 때 발생할 가능성이 있다는 뜻이다. 그러니까 히브리서 기자가 지적하는 문제는, 회개하고 성령의 감동으로 믿음을 갖게 되었고 말씀의 감동도 경험하였지만, 성숙으로 나아가지 못하고 정체된 것이 문제라는 말이다. 성숙한 믿음의 단계로 나아가지 못하고 미성숙한 상태가 지속되다가 타락에 빠졌다는 뜻이다.

묵상질문

만일 죄를 범하고 있는데 잠시라도 멈출 수 없는 상태라면 온전한 믿음인지 의심해야 한다. 더욱이 죄를 범하는데, 죄의식도 부끄러움도 없이 계속 짓고 있다면 마찬가지로 의심해야 한다. 교회를 다니고 있는 것은 의미가 없다. 교회가 구원을 주는 것이 아니라 믿음으로 구원에 이르기 때문이다. 그렇다면 나는 지금 어느 상태에 이른 크리스천일까? 죄에 대한 예속력은 어느 정도이고, 나는 어떤 열매를 맺고 있는 상태인가?

_____

_____

_____

_____

_____

열매를 보면 자기 상태를 안다

나의 구원은 확실한가? 어떻게 그
것을 점검할 수 있을까? 성경이 확증하듯이, 예수를 주로 믿는 것은
성령의 감동으로 된 것이다. 이처럼 성령이 우리 안에 거하면 우리
는 성령의 통치를 받게 된다. 그런 까닭에 아무 거리낌없이 죄를 계
속 지을 수는 없다. 동시에 성령의 통치를 받고 있다면, 우리에게 성
령의 열매를 맺는 현상이 나타난다. 그러므로 그 열매가 있는지를
보면 우리가 어떤 상태인지를 어느 정도 알 수 있을 것이다.

예상 가능한 열매

종려주일이 지난 월요일, 예루살렘에 들어가시던 주님이 잎이 무성한 무화과나무에서 열매를 기대하셨다가 열리지 않은 것을 보고 저주하신 사건이 있다. 이 무화과나무 저주 사건은 보는 시각에 따라서 당혹스러울 수 있다. 그때는 분명히 아직 무화과가 열릴 철이 아니었기 때문이다. 그런데 저주하신 것이다.

이는 무화과의 때가 아님이라 _막 11:13

사실 예수님이 이것을 모르실 리가 없기 때문에 주님의 행동에 대해 질문이 생길 수 있지만, 무화과나무에 대하여 조금만 알면 문제는 풀린다.

우선 우리가 주의할 것은 무화과가 열리기 전에 나오는 '타크쉬'(taqsh)에 대한 해석이다. 브루스(F. F. Bruce) 교수가 카이저(Walter C. Kaiser Jr.) 교수 등과 함께 지은 〈Hard Sayings of the Bible〉에서 그 의문을 푼다. 무화과 열매가 열리기 6주 전 즈음 잎사귀가 무성하게 되면, 무화과가 열리기 전에 '타크쉬'라고 불리는 작은 열매가 열리는데, 나그네들이 그 열매를 따먹을 수 있었다. 그러므로 그 나무에는 타크쉬조차 열리지 않았다는 뜻임을 알 수 있다. 물론 그렇다 할지라도, 주님이 그렇게까지 혹독한 저주를 하실 만한 일이냐고 질문할 수 있다. 그 이유를 브루스 교수는 이렇게 설명했다.

"만일 타크쉬도 열리지 않은 채 잎사귀만 무성하다면, 그것은 무화과가 열리지 않는 나무임을 드러내는 것이다. 그러므로 예수가 가서 발견한 '잎사귀 외에 아무 것도 없는' 모습에서, 예수는 아무런 희망도 없고 열매를 맺지 못하는 무화과나무임을 알았던 것이다."(Walter C. Kaiser Jr., F. F. Bruce, Hard Sayings of the Bible, IVP, 442)

그러므로 예수의 행동은 무지(無知)가 아니라, 잎사귀만 무성한 모습에서 겉모습만 번지르르하고, 마치 엄청난 신앙을 가진 것처럼 보이는 외식적 신앙인들을 생각하며 분노하신 것임을 알 수 있다.

사실 열매가 열리는 것은 자연스러운 일이다. 노력하지 않아도 된다. 신앙도 마찬가지다. 역시 열매를 맺는다. 비유로 말하면 예수 믿기 전의 우리는 열매를 맺지 못하던 못된 나무였다. 그런데 우리가 예수를 믿은 것이다. 그것은 좋은 나무에 접붙임을 받는 것과 같다고 할 수 있다. 그런 까닭에 시간이 지나면서 못된 나무는 온전히 좋은 나무로 바뀌며, 열매를 맺지 못하던 나무가 열매를 맺게 된다.

17이와 같이 좋은 나무마다 아름다운 열매를 맺고 못된 나무가 나쁜 열매를 맺나니 18좋은 나무가 나쁜 열매를 맺을 수 없고 못된 나무가 아름다운 열매를 맺을 수 없느니라 _마 7:17-18

성령의 열매는 몇 퍼센트?

당연히 그 맺히는 열매는 성령의 통치를 받은 관계에서 나온 결과인 까닭에 갈라디아서가 표현한 것처럼 성령의 열매이다.

> [22]오직 성령의 열매는 사랑과 희락과 화평과 오래 참음과 자비와 양선과 충성과 [23]온유와 절제니 이같은 것을 금지할 법이 없느니라
>
> _갈 5:22-23

물론 처음부터 완전한 열매가 열리지 않을 수 있다. 아직 완전히 접붙임의 완성이 이뤄지지 않은 까닭에, 즉 성숙하지 못한 까닭에 온전한 열매를 맺지 못할 수 있다. 하지만 분명히 열매는 열린다. 온전하지 않을 수 있지만, 타크쉬 같은 것이라도 반드시 맺힐 수밖에 없다. 그런 관점에서 우리는 내게 맺힌 열매를 들여다볼 필요가 있다. 완전하진 않더라도, 성령의 아홉 가지 열매 중에 분명히 일부는 열렸을 것이기 때문이다.

여기서 우리가 맺은 열매는 어느 정도인지 살펴보자. 편의상 온전한 열매의 모습을 100퍼센트라고 말한다면 타크쉬 같은 모습은 50퍼센트 미만이라 할 수 있을 것이다. 그렇다면 나는 믿음의 열매이기도 한 성령의 아홉 가지 열매를 맺고 있는지, 맺고 있다면 몇 퍼센트라고 평가할 수 있는지, 스스로 점수를 매겨보자.

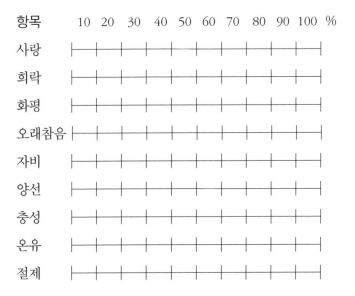

항목	10	20	30	40	50	60	70	80	90	100 %
사랑										
희락										
화평										
오래참음										
자비										
양선										
충성										
온유										
절제										

　저자의 임의적인 평가이지만, 60퍼센트 이상이라면 성령의 열매를 맺고 있는 상태로, 이같은 성품이 자신의 모습이라고 말할 수 있겠다. 하지만 50퍼센트 이하에서 30퍼센트 사이는 타크쉬 같은 열매가 열린 상태라고 볼 수 있다. 온전하진 않지만, 그래도 믿음의 사람이라고 할 수 있다. 하지만 20퍼센트 이하는 이같은 것들의 흔적만 있는 모습으로, 육체의 열매가 지배적으로 열리고 있는 것은 아닌지 의심할 필요가 있다.

육체가 만드는 열매

심각하게 생각해야 할 것이 있다. 만일 성령의 열매가 열리지 않았다면 다른 열매 곧 육체의 열매를 맺었는지 모르기 때문이다. 이런 관점에서 성령의 열매를 기록한 갈라디아서 5장 22절에서 23절까지 말씀의 댓구절인 19절에서 21절까지를 주의해야 한다. 성령의 열매의 반대로 육체의 열매를 말하고 있기 때문이다.

이 댓구절이 '육체의 열매'라는 측면으로 잘 읽히지 않았던 것은 개역성경이 '육체의 일'이라고 번역하는 바람에 모호해진 것 때문이다. 이 부분의 헬라어 문장은 '타 에르가 테스 사르코스', 그러니까 직역하면 '육체가 만드는 것'이라 번역할 수 있다. '에르가'는 보통 '일, 사역' 등으로 번역되는 '에르곤'의 복수형이지만, 그 의미는 '일의 산물'이라는 뜻을 담고 있다. 그래서 공동번역은 '육정이 빚어내는 일'이라고 번역했다. 그러므로 갈라디아서 5장 19절에서 21절까지 '육체의 일'은 '육체의 열매'를 말하고 있음을 알 수 있다.

이같은 이해를 통해 볼 때, 바울은 '육체의 열매'와 '성령의 열매'를 대비하여 적었음을 알 수 있다. 그러므로 22절부터 시작되는 '성령의 열매'와 마찬가지로 19절부터는 '육체의 열매'를 쓴 것이다. 곧 성령의 통치를 받지 못한 상태에서 육체의 욕망을 따라 맺는 열매라는 뜻이다. 바로 못된 나무가 맺는 나쁜 열매이다. 그것은 이같은 것들이다.

¹⁹육체의 일은 분명하니 곧 음행과 더러운 것과 호색과 ²⁰우상 숭배와 주술과 원수 맺는 것과 분쟁과 시기와 분냄과 당 짓는 것과 분열함과 이단과 ²¹투기와 술 취함과 방탕함과 또 그와 같은 것들이라 전에 너희에게 경계한 것 같이 경계하노니 이런 일을 하는 자들은 하나님의 나라를 유업으로 받지 못할 것이요 _갈 5:19-21

그러므로 만일 우리가 예수를 믿으며 성령의 통치를 온전히 받는다면 성령의 아홉 가지 열매가 분명히 열릴 것이다. 물론 그렇지 않고 미성숙한 상태로 믿고 있다 해도, 즉 온전하진 않아도 타크쉬 같은 모양의 열매라도 맺을 것이다. 하지만 성령의 아홉 가지 열매는 커녕 타크쉬 모양의 열매도 없다면 위험한 모습이 아닐 수 없다. 더욱이 다른 열매, 곧 육체의 열매가 지배적으로 맺히고 있다면 우리 믿음을 근본적으로 점검해야 할 것이다.

육체의 열매 상태를 살피는 기준은 성령의 열매를 점검할 때 기준과 마찬가지로, 완전한 열매의 모습을 100퍼센트로 정하고 육체의 타크쉬 같은 모습은 50퍼센트 미만이라 정하려 한다. 그렇다면 나는 죄의 열매이기도 한 육체의 열매를 얼마나 맺고 있는지, 맺고 있다면 몇 퍼센트라고 평가할 수 있는지 살펴보자.

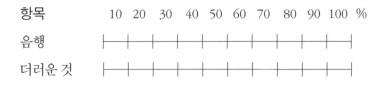

항목	10 20 30 40 50 60 70 80 90 100 %
음행	├─┼─┼─┼─┼─┼─┼─┼─┼─┼─┤
더러운 것	├─┼─┼─┼─┼─┼─┼─┼─┼─┼─┤

호색											
우상숭배											
주술											
원수 맺는 것											
분쟁											
시기											
분냄											
당 짓는 것											
분열함											
이단											
투기											
술 취함											
방탕함											

 역시 임의적인 평가이지만, 60퍼센트 이상이라면 육체의 열매인 죄를 지배적으로 짓고 있는 상태라고 말할 수 있겠다. 하지만 50-30퍼센트는 타크쉬 같은 열매로, 성령에 의해 갈등하고 있는 상태이다. 지배적이지는 않지만 흔들리고 있는 상태라고 말할 수 있다. 20퍼센트 이하라면 이미 육체에 의해 지배되지 않고 성령의 통치를 받고 있는 상태라고 말할 수 있을 것이다.

나는 어떤 사람인가?

이같은 간단한 임의적 조사를 통하여 자신이 어떤 사람인지를 대체적으로 가늠할 수 있었을 텐데, 다음과 같이 크게 네 종류의 사람으로 나눌 수 있을 것 같다. 만일 자신이 아래 중 하나의 범주에 완전히 속하여 있다면 O표를, 경계선에 있다면 △표를, 그리고 전혀 아닐 경우에는 X표를 한다.

[　] 나는 성령의 열매를 맺는 성숙한 성령의 사람이다.
[　] 성숙하지 못한 채 늘 흔들리지만 완전히 무너지지 않은채
　　　경계선에 있는 사람이다.
[　] 육체의 열매를 맺는 삶을 살며 믿음만 간신히 살아
　　　하나님의 은혜로 사는 사람이다.
[　] 그냥 육체의 열매를 맺고 사는 이름만 크리스천일 뿐이다.

이제 생각해보자. 나는 어느 범주에 속하는 사람인가? 임의적 조사이지만, 자신이 어떤 상태의 사람인지를 보았을 것이다. 혹시 성령의 열매는커녕 타크쉬 정도도 열리지 않은 채 육체의 열매가 지배적으로 열리고 있는 상태는 아닌가? 그렇다면 심각하다. 성경은 이것의 결론을 이렇게 말하기 때문이다.

　　　이런 짓을 일삼는 자들은 결코 하나님 나라를 차지하지 못할 것입

니다. _갈 5:21, 공동번역

그렇다면 이제 어떻게 해야 하는가? 예수님의 저주에 말라 비틀어진 무화과 나무를 목격한 베드로가 "저주하신 무화과나무가 말랐나이다"(막 11:21)라고 말했을 때 주님의 처방전은 "하나님을 믿으라"(막 11:22)라는 것이었다.

> ²¹ 베드로가 생각이 나서 여짜오되 랍비여 보소서 저주하신 무화과 나무가 말랐나이다 ²² 예수께서 그들에게 대답하여 이르시되 하나님을 믿으라 _막 11:21-22

그러니까 "제대로 믿으라, 시늉뿐인 믿음에서 벗어나라"는 말씀임을 알 수 있다. 그렇다면 제대로 온전히 믿기 위하여 우리에게 필요한 것은 무엇인가? 두 말 할 것도 없이 온전한 회개가 선행되어야 한다. 온전한 회개 없이 온전한 믿음에 이를 수 없기 때문이다.

> 때가 찼고 하나님의 나라가 가까이 왔으니 회개하고 복음을 믿으라 _막 1:15

이제 물어볼 것은 한 가지에 초점을 맞추게 된다. 바로 이 질문이다.
'나는 온전하게, 분명히 회개하였는가?'

우리는 자신에게 심각하게 질문해야 한다. 나는 어떤 열매를 맺고 있는지 말이다. 만일 육체의 열매를 잔뜩 맺고 있다면 제대로 회개함으로 다시 시작해야 한다. 자신의 직분이나 경력은 뒤로 하고, 온전히 회개부터 다시 시작해야 한다. 그럴 준비가 되어 있는가?

Part
2

첫 번째
회개와
그 이후의
회개

첫 번째 회개를 제대로 하라

———————— 우리는 우리의 죄를 회개하고 예수를 믿음으로 구원을 받았다. 물론 회개는 모든 죄를 실제적으로 꺼내어 다 고백해야 용서받는 것이 아니라, 우리가 죄인임을 인정하고 주 예수를 믿을 때 우리 죄는 사함받으며 구원에 이른다. 이것이 우리가 믿는 과정에서의 첫 번째 회개다.

첫 번째 회개의 특별함

오순절 날 3천 명이 회개한 사건 이후 베드로가 미문에 있던 앉은뱅이를 고쳤을 때, 사람들이 솔로몬 행각으로 몰려들었다. 그때 베드로는 그들이 그리스도이신 예수를 부인하고 죽음에 내어주었지만 하나님께서 그 예수를 살리셨음을 증거한다.

> ¹⁴너희가 거룩하고 의로운 이를 거부하고 도리어 살인한 사람을 놓아 주기를 구하여 ¹⁵생명의 주를 죽였도다 그러나 하나님이 죽은 자 가운데서 그를 살리셨으니 우리가 이 일에 증인이라 _행 3:14-15

그 말을 듣고 사람들은 동요하였다. 며칠 전에 있었던 예루살렘 백성들의 '어찌할꼬' 반응과 같았다. 그러자 베드로가 위로하며 이렇게 말한다.

> 형제들아 너희가 알지 못하여서 그리하였으며 너희 관리들도 그리 한 줄 아노라 _행 3:17

그리고 베드로는 구원에 이르는 복음을 선포하였다.

> 그러므로 너희가 회개하고 돌이켜 너희 죄 없이 함을 받으라 이같 이 하면 유쾌하게 되는 날이 주 앞으로부터 이를 것이요
> _행 3:19, 개역

이 놀라운 선포는 오순절 성령의 임재 후 처음 예루살렘 거리에서 선포했던 메시지와 같았다.

너희가 회개하여 각각 예수 그리스도의 이름으로 세례를 받고 죄 사함을 받으라 그리하면 성령의 선물을 받으리니 _행 2:38

두 선포 모두 회개하고 죄 사함을 받으라는 메시지로 내용이 같다. 그런데 그 이후 벌어지는 상태만 다르게 표현되었다. "성령의 선물을 받으리니"라는 말씀의 위치에 "유쾌하게 되는 날이 주 앞으로부터 이를 것이요"가 놓인 점만 다르다. 이를 통해 알 수 있는 것은 성령의 선물은 유쾌하게 되는 상황을 만난다는 뜻임을 알 수 있다.

개역개정판은 '새롭게 되는 날'이라고 번역하였고 개역한글판은 '유쾌하게 되는 날'이라고 번역하였는데, 여기에서 쓰인 헬라어 단어 '아납쉭시스'의 의미는 숨이 막힌 자가 다시 숨을 쉬게 되는 상태, 진정한 쉼이 이뤄지는 상태를 말한다. 평화가 온다는 뜻이다. 내가 스스로 얻는 것이 아니라 하나님이 주시는 쉼, 유쾌함이라는 의미에서이다. 성령께서 우리 양심을 깨끗하게 하고 새로운 마음을 주셔서 정결한 상태가 되는 까닭이다.

그렇게 되는 순간을 경험한 날은 특별한 날일 수밖에 없다. 그래서 평범한 시간 개념으로서 '날', '크로노스'가 아니라 폐쇄적이고 독자적이며 정해진 날을 의미하는 '날', '카이로스'를 사용하였다.

유쾌하게 되는 날(카이로스)이 주 앞으로부터 이를 것이요 _행 3:19

질적으로 전혀 다른 날, 다른 세상이 열리는 것이다. 실제적인 순

결과 정결로 인한 진정한 평화와 자유와 쉼으로 인해 유쾌함을 경험하는 것이다. 그때 우리는 죄 사함을 분명하게 깨닫고 확신하게 된다. 회개는 이같은 경험이 동반되는 것이다.

온전한 회개의 과정

우리는 이 말씀의 기록을 통하여 회개의 과정을 정확하게 볼 수 있다. 그 결과 역시 놀라운 경험이 수반되는 것임을 알 수 있다. 온전한 회개가 이뤄졌기 때문이다. 그러므로 만일 우리에게 이같은 경험이 없다면, 우리가 회개를 온전히 하였는지 의심할 필요가 있다.

사실 대부분은 온전히 회개하지 않은 채 입으로 예수를 시인하고 믿는 것으로 끝낸다. 그것으로 충분하다고 생각한다. 그러나 그것으로 충분하지 않다.

그렇다면 회개는 어떻게 해야 하는가? 그 자세한 방법은 사도행전에 잘 나와 있다. 베드로가 예루살렘 거리에서 설교했을 때 예루살렘 사람들의 반응과 베드로가 말한 내용에서 알 수 있다.

[36]그런즉 이스라엘 온 집은 확실히 알지니 너희가 십자가에 못 박은 이 예수를 하나님이 주와 그리스도가 되게 하셨느니라 하니라 [37]그들이 이 말을 듣고(말씀이 들리다) 마음에 찔려(찔림을 받다) 베드로와 다른 사도들에게 물어 이르되 형제들아 우리가 어찌할꼬 하거늘 [38]베

드로가 이르되 너희가 회개하여(마음을 바꾸다) 각각 예수 그리스도의 이름으로 세례를 받고(믿다) 죄 사함을 받으라(죄 사함이 이뤄지다) 그리하면 성령의 선물을 받으리니(유쾌함이 오다) _행 2:36-38

간단히 요약하면 회개와 믿음에 이르는 과정은 다음과 같다. 먼저 하나님의 말씀을 들을 때 마음이 찔려 자신이 죄인임을 깨닫게 된다. 그래서 하나님에게로 돌아선다. 그것의 확증으로서 세례를 받는 것까지가 믿음의 행위이다. 그때 우리의 죄는 온전히 사해졌음이 확인되고, 성령의 선물로서 기쁨과 유쾌함이 오는 것이다.

첫째, '말씀이 들리다'

사실 회개는 쉽지 않다. 회개는 우리의 의지적 결단이 아니기 때문이다. 그러므로 온전한 회개의 시작은, "그들이 이 말을 듣고"라는 표현에서 알 수 있듯이, 먼저 듣는 것에서부터 시작된다. 듣는 것은 당연히 말씀이다. 복음을 듣거나 설교를 듣다가, 혹은 말씀을 읽고 묵상할 때 그 말씀이 스스로 역사하면서 사람이 깨달을 때 시작된다. 말씀 자체가 하나님과 동일하기 때문이다.

[12]하나님의 말씀은 살았고 운동력이 있어 좌우에 날선 어떤 검보다도 예리하여 혼과 영과 및 관절과 골수를 찔러 쪼개기까지 하며 또 마음의 생각과 뜻을 감찰하나니 [13]지으신 것이 하나라도 그 앞에 나

타나지 않음이 없고 오직 만물이 우리를 상관하시는 자의 눈앞에

벌거벗은 것 같이 드러나느니라 _히 4:12-13, 개역한글

이처럼 제대로 하나님의 말씀이 들리는 순간, 그 말씀이 우리를 날카롭게 쪼개고 흔들어 모든 것을 드러낸다. 그렇다면 어떤 이들의 경우, 왜 말씀을 듣는데 이같은 역사가 일어나지 않는가 하는 질문이 생긴다.

결정적인 이유는 제대로 말씀을 듣지 않기 때문이다. "이 말을 듣고"에서 쓰인 헬라어 '아쿠산테스'는 '듣는다, 깨닫다'라는 뜻의 '아쿠오'의 능동태형이다. '그들이 능동적으로, 그러니까 자발적으로 집중하여 들었다'라는 뜻이다. '능동적인 듣기'이다.

그러므로 무엇보다 먼저 말씀을 듣고자 하는 능동적 자발성이 있어야 한다. 그때 말씀이 스스로 일하실 가능성이 열리기 때문에, 말씀이 들리기 시작한다. 그렇게 말씀이 드러날 때, 우리는 죄를 깨닫게 된다. 회개한 자들은 언제나 이같은 경험을 하였다.

'그렇다면, 나는 말씀을 통해 나의 죄를 깨닫는 경험을 했는가?'

둘째, '찔림을 받다'

능동적으로 말씀을 읽고 들을 때 죄가 드러나는 것을 경험하는데, 그때 사도행전의 기록처럼 '마음이 찔린다.' 그런데 이 찔림은 내가 스스로 마음을 찌르는 것이 아니다. 성령께서 역사하시는 것

이다. 그래서 "마음에 찔려"로 번역된 '카테뉜게이산'은 '심하게 찌르다'는 뜻의 '카타닛소'의 수동태 디포넌트(deponent)로 쓰여졌다. 디포넌트 동사는 중간태 성격을 갖고 있어서, 수동태이지만 능동태로 번역한다. 그러므로 내가 마음에 찔렸지만, 그것을 찌르신 분이 성령이라는 뜻이다. 다시 번역하면 "그들의 마음을 성령께서 예리하고 강력하게 찔렀다"는 말이다. 전체를 이어 풀어 번역하면 다음과 같다.

> 그들이 능동적으로 그러니까 자발적으로 집중하여 사도들의 말을 들을 때 그들의 마음을 성령께서 예리하고 강력하게 찔렀다. 그 순간 자발적으로 그 찔림 때문에 베드로와 다른 사도들에게 물었다. 우리가 어찌해야 합니까? _행 2:37, 하정완의 역

이 말씀에서 알 수 있듯이 자발적이며 능동적으로 말씀을 듣는 것, 그리고 읽는 것은 매우 중요하다. 그때 성령이 개입하시는 틈이 열릴 수 있다. 그 행위 자체가 자신을 무장해제하고 성령의 개입을 요청하는 것이기 때문이다.

하지만 이것이 회개의 끝은 아니다. 아직 죄 사함이 이뤄지지 않았음을 놓치지 말아야 한다. 우리가 듣고 성령이 역사하여, 스스로 후회한다고 해서 죄 사함이 이뤄진 것은 아니다. 그러므로 만일 우리가 아직까지 능동적으로 들은 것도 아니고, 성령이 우리 심장을 찔러 깨닫고 '어찌할꼬' 외치는 순간도 없었다면, 여전히 죄의 문제

는 해결되지 못한 채 남아 있다고 보아야 한다.

분명히 성경 말씀은 스스로 일하신다. 온전히 말씀이 드러나기만 하면 언제나 그렇다. 엠마오로 가는 두 제자가 주님인 줄 모르고 대화하며 걸어갔었는데, 나중에 예수이신 줄 알게 되었을 때 그들이 이런 고백을 하였다.

> 길에서 우리에게 말씀하시고 우리에게 성경을 풀어 주실 때에 우리 속에서 마음이 뜨겁지 아니하더냐_눅 24:32

요한 웨슬리 목사는 올더스게이트 거리의 한 교회 집회에서 루터의 로마서 주석 서문을 들을 때 마음이 뜨거워짐을 경험하였다. 마음이 뜨거워지든 찔리든, 성령께서 역사하신 것이다. 하지만 이것이 회개의 끝은 아니다.

'말씀을 듣고 죄가 드러날 때 견딜 수 없는 찔림을 경험했는가?'

셋째, '마음을 바꾸다'

성령이 우리 마음을 찌를 때 우리가 해야 하는 일이 있다. 바로 '마음을 바꾸는 것'이다. 이것은 우리가 해야 하는 우리의 자발적 의지의 영역이다.

예수와 함께 십자가에 달렸던 강도들 모두가 처음에는 예수를 비난했지만, 그 중 한 강도가 주님의 놀라운 말씀을 듣는다.

아버지 저들을 사하여 주옵소서 자기들이 하는 것을 알지 못함이니
이다 _눅 23:34

이 충격적인 말씀을 들은 한 강도의 마음에 변화가 온다. 주의 말
씀이 그의 마음을 찌른 것이다. 그때 그가 이렇게 고백하였다.

⁴⁰하나는 그 사람을 꾸짖어 이르되 네가 동일한 정죄를 받고서도 하
나님을 두려워하지 아니하느냐 ⁴¹우리는 우리가 행한 일에 상당한
보응을 받는 것이니 이에 당연하거니와 이 사람이 행한 것은 옳지
않은 것이 없느니라 _눅 23:40-41

알다시피 그곳에서 주님의 말씀을 들은 사람은 그 강도만이 아니
었다. 다른 강도도 있었고 사람들이 여럿 있었다. 그들 중 어떤 이들
은 마음에 찔림이 있었을 것이다. 그런데 그들 중 그 강도만 찔림을
받고 분명하게 마음을 바꿨다. 말씀을 듣고 깨달음에 이른 것으로
멈춘 것이 아니라, 마음을 바꾼 것이다. 그래서 그 강도는 입을 연
다. 하지만 태연하게 자신을 용서해달라고 말할 수는 없었다. 조심
스럽게, 이렇게 말을 꺼낸 이유였다.

예수여 당신의 나라에 임하실 때에 나를 기억하소서 _눅 23:42

뉘앙스로 보면 나라가 임하실 때 혹시 자신이 생각나거든 기억

해달라는 겸손한 요청이었다. 그가 주님의 말씀을 듣고, 그의 마음이 진심으로 찔림을 경험했기 때문이다. 이처럼 언제나 듣고 찔림을 경험했다면 마음을 바꿔 돌아서며 적극적으로 시인하는 것이 필요하다.

'마음을 바꾸다.' 곧 '회개하다'는 헬라어로 '메타노에오'다. 아예 생각을 달리 하고 하나님께로 방향과 마음을 바꾸는 것이다. 좀 더 쉬운 말로 하면, 라이프 스타일을 바꾸는 데까지 이뤄지는 마음의 전환을 말한다. 이 지점에 이르면 생각만으로 끝나는 것이 아니라 실천하고 싶어진다. 물론 아직 완벽한 행동을 할 수 있는 것은 아닐 수 있다. 그러나 행동하려는 의도와 실천을 하는 것으로 나타나는 마음의 전환이 일어나는 것은 분명하다.

'다르게 살기로 결정하고 행동하려 했는가?'

넷째, '믿다'

예수의 말씀을 듣는 순간, 아니 정확하게 말해서 들리는 순간, 강도는 자신의 죄를 확실히 본 것이다. 그 순간 강도의 마음이 찔렸다. 동시에 강도는 주님을 향해 방향과 마음을 바꾼다. 비록 십자가에 달려 있었지만 예수를 믿은 것이다. 그의 고백은 "기억하소서"라는 소박한 요청으로 나타났다. 이같은 고백 앞에 주님은 강도에게 "오늘 네가 나와 함께 낙원에 있으리라"(눅 24:43)라는 초청으로 그의 구원을 선포하였다.

앞에서 언급한 사도행전의 온전한 회개의 과정을 보면 세례가 나오지만, 사실 세례는 우리가 믿음으로 옛 사람을 장사지내고 거듭났다는 것을 확증하는 것이다. 그래서 베드로는 예루살렘 거리에서 "어찌 할꼬"라고 탄식하는 사람들에게 "예수 그리스도의 이름으로 세례를 받으라"고 말하였다. 하지만 강도는 세례를 받을 수 없었다. 그럼에도 주님은 그의 구원을 선포했다. 세례는 구원의 필요조건 의식이 아니라 선포 의식임을 알 수 있다. 그러므로 사도행전의 "회개하여 각각 예수 그리스도의 이름으로 세례를 받고"는 '회개하여 예수 그리스도를 믿으면'이라고 써도 틀리지 않다.

이처럼 회개가 모든 죄에서 돌이켜 마음을 바꾸고 주님께 방향을 향하는 것이라면, 믿음은 실제적으로 입으로 시인하고 행동하는 것이라 할 수 있다. 그때 구원이 이뤄지는 것이다.

사람이 마음으로 믿어 의에 이르고 입으로 시인하여 구원에 이르느니라 _롬 10:10

'나를 부인하고 주님을 의존하는 믿음의 고백을 하였는가?'

다섯째, '죄 사함이 이뤄지다'
이처럼 강도가 자신의 죄를 시인하고 주님을 믿는 순간, 주님은 바로 구원을 선포하셨다. 사실 강도가 한 일은 아무 것도 없었다. 그의 시인은 부끄러웠고, 그의 믿음은 죄송함이었다. 더욱이 십자가에 달려 있었기에 어떤 행위도 할 수 없었다. 하지만 그 강도는 구원에 이르렀다. 정확한 믿음의 결과였다. 구원은 그의 행위 때문이 아니었다. 그의 회개는 분명했고, 그의 믿음은 그 회개에 기초한 것이었다. 그 순간 그의 죄가 모두 사라지는 기적이 발생하였다. 주님이 머뭇거림도 없이 구원을 선포하신 이유다. 드디어 주님은 매우 정확하게 그를 천국으로 초대한다. 자격이 생긴 것이다.

오늘 네가 나와 함께 낙원에 있으리라_눅 23:43

이 놀라운 기적이 믿음의 기적이다. 어떻게 이런 일이 벌어지는가? 바울은 이 놀라운 신비를 예수 그리스도를 믿음으로 우리가 그리스도와 연합하는 일이 벌어진 것이라고 설명한다. 그 순간 주님이 이루신 죄 대속의 구속 사건이 우리 사건이 된 것이다.

내가 그리스도와 함께 십자가에 못 박혔나니 그런즉 이제는 내가 사는 것이 아니요 오직 내 안에 그리스도께서 사시는 것이라 _갈 2:20

'오늘 밤 죽는다 해도 천국에 들어갈 확신이 생겼는가?'

여섯째, '유쾌함이 오다'

주님의 선포는 강도에게 놀라운 평화로 찾아왔을 것이다. 성경에
자세한 기록은 없지만 강도는 구원의 확신을 경험했을 것이다. 베
드로가 말한 것처럼, 그것은 온전히 회개가 이뤄졌을 때 임하는 성
령의 선물이기 때문이다.

> 그러므로 너희가 회개하고 돌이켜 너희 죄 없이 함을 받으라 이같
> 이 하면 유쾌하게 되는 날이 주 앞으로부터 이를 것이요
>
> _행 3:19, 개역한글

그동안 강도를 묶어 놓고 있던 모든 죄의 문제와 그로 인해 그를
누르고 있던 묵직한 굴레 같은 것이 풀어졌을 것이다. '유쾌하게 되
는'으로 번역된 헬라어 '아납쉭시스'의 뜻처럼 '꽉 막혔던 숨이 뻥
뚫리는' 일이 벌어졌을 것이다. 마치 오랫동안 체한 것 같이 꽉 막혔
던 것이 뻥 뚫리는 평화였을 것이다. 바로 이같은 완전한 평화와 유
쾌함의 경험이 죄 사함의 증거이고 구원을 확증하는 현상이다. 내
가 의도적으로 갖는 것이, 아니라 성령의 임재로 주어지는 것이기
때문이다.

그런데 만일 회개하고 주님을 믿은 것 같은데, 여전히 구원의 확
신이 없을뿐 아니라 불안과 근심이 지배하고 있다면, 온전한 회개
가 이뤄지지 않았기 때문일지 모른다.

'막혔던 것이 뚫리는 것 같은 유쾌함을 경험하였는가?'

온전한 회개를 하였는가?

이제 나의 첫 번째 회개와 믿음의 과정이 제대로 이뤄졌는지 다음의 질문을 통해 확인하면 좋을 것 같다. O, △, X로 표시해보라

[　] 말씀, 곧 복음을 들었을 때 깨달음이 왔는가?
[　] 그 깨달음은 나의 죄를 보게 하고 찔림으로 다가왔는가?
[　] 죄를 회개하고 방향을 주님에게로 돌아섰는가?
[　] 주님을 나의 주로 믿고 고백하였는가?
[　] 그때 죄 사함의 경험을 하였는가?
[　] 그때 막혔던 것이 뚫리는 것 같은 유쾌함을 경험하였는가?

만일 이같은 경험이 있었다면 제대로 된 회개와 믿음의 역사가 있었음이 분명하다. 지속적인 경험이 아니었을지라도, 이같은 경험이 있다면 온전한 회개가 이뤄졌음을 의심할 필요가 없다.

'죄에 대한 자유와 유쾌한 자유를 경험하였는가?'

묵상질문

그런데 이상한 일이 벌어질 수 있다. 분명 위의 과정처럼 회개하고 믿음으로 구원의 경험을 한 후에도 여전히 죄를 짓고 있는 상태가 계속되는 것이다. 그렇다면 이후에 짓는 우리의 죄들은 어떻게 되는 것일까?

죄보다 중요한 문제가 있다

우리는 분명히 복음을 듣고 회개하고 예수 그리스도를 구주로 믿었다. 주님의 약속대로 우리의 죄는 사함 받고 사망의 권세에서 놓임 받았다.

> ¹³그가 우리를 흑암의 권세에서 건져내사 그의 사랑의 아들의 나라로 옮기셨으니 ¹⁴그 아들 안에서 우리가 속량 곧 죄 사함을 얻었도다
>
> _골 1:13-14

그런데 분명히 우리가 회개하고 예수를 믿으므로 죄 사함을 얻어 구원에 이르렀는데, 여전히 우리를 지배하는 죄를 발견한다. 그 이유는 무엇일까? 혹시 회개하고 주를 믿은 후에도 짓는 죄로 인해 구

원이 취소된 것은 아닐까? 이런 질문이 든다.

죄된 상태에서 믿었다

오순절 성령의 역사 이후 베드로와 요한이 예루살렘 거리에서 복음을 전했을 때였다. 사람들은 복음이신 그리스도 예수를 그들이 못 박았다는 베드로의 설교를 듣고 "형제들아 우리가 어찌할꼬"(행 2:37) 하고 탄식하였다. 그때 베드로가 요청한 것은 회개였다.

> 베드로가 이르되 너희가 회개하여 각각 예수 그리스도의 이름으로
> 세례를 받고 죄 사함을 받으라 그리하면 성령의 선물을 받으리니
> _행 2:38

초대교회는 이렇게 회개로 시작되었다. 그런데 오해하지 말아야 할 것이 있다. 이들이 회개할 때 자신들이 지은 모든 죄를 다 고백한 것은 아니다. 그럴 수도 없다. 하지만 그들은 회개하고 예수를 믿음으로 구원 받았다. 그렇다면 그들은 여전히 죄를 품은 채로 믿고 구원받은 것이다. 단지 주님이 대속하심으로 그 죄의 대가를 이미 다 지불하신 구원이었다. 그리스도의 대속 사건은 더 이상 반복할 필요가 없는, 완전한, 단 한 번의 영원한 제사였기 때문이다.

¹²오직 그리스도는 죄를 위하여 한 영원한 제사를 드리시고 하나님 우편에 앉으사 ¹³그 후에 자기 원수들을 자기 발등상이 되게 하실 때 까지 기다리시나니 ¹⁴그가 거룩하게 된 자들을 한 번의 제사로 영원히 온전하게 하셨느니라 _히 10:12-14

우리가 회개하고 믿음으로 구원받을 때의 상태는 "우리가 아직 연약할 때에 … 우리가 아직 죄인 되었을 때에…", 심지어 "우리가 원수 되었을 때에"(롬 5:6,8,10) 일어난 구원 사건이었다. 즉, 우리의 구원은 우리가 지은 모든 죄를 세세하게 회개하고 믿으므로 받은 구원이 아님을 알 수 있다.

그러므로 우리가 구원받은 것은 모든 죄를 낱낱이 고백하는 것을 포함하여, 우리의 행위 때문이 아니라, 십자가에서 우리의 모든 죄를 아무 조건없이 대신 지시고 죽은 대속의 제사를 우리가 믿을 때, 하나님의 은혜로 이뤄진 것이다. 바울이 하나님의 선물(엡 2:8)이라고 한 이유이다.

죄는 문제가 아니다

이상하게 들릴지 모르지만, 죄는 문제가 아니다. 그러므로 회개는 모든 죄를 낱낱이 고백해야 용서가 이뤄지는 것이 아니다. 만일 그렇게 해야 용서받는 것이라면, 십자가 상의 한 강도는 자신의 모든 죄를 낱낱이 고백할 기회를 갖지 못했기 때문에 구원에 이를 수 없어야 맞다. 그러나 주님은 그에게 천국에 있을 것이라는 구원을 선포하셨다.

그러므로 죄가 우리의 구원을 방해할 수는 없다. 우리가 예수를 믿고 있다면 우리의 죄는 우리 연약함의 문제일 뿐 저주의 문제가 아니다. 주님이 아무 조건없이 우리 죄를 이미 대속하였기 때문이다. 그러므로 우리에게 필요한 것은 예수를 믿는 것이고, 잔느 귀용의 표현을 빌리면 우리의 시선을 하나님에게로 돌리는 것이다. 방향성이 문제다.

"'회심'이란 자신만을 바라보던 눈을 돌려 하나님을 바라보는 단순한 일입니다."(잔느 귀용, 하나님을 경험하는 기도, 터치북스, 64)

로마서 7장에서 바울은 심각하게 자신의 죄를 보았다. 거의 회개가 불가능할 정도로 반복하는 자신의 모습을 보면서, 스스로 '사망의 몸'(롬 7:24)이라고 선언하였다. 그같은 비참함을 토로하던 바울이 이어지는 25절에서는 하나님께 감사한다.

이것은 바울이 자신의 죄를 고백했기 때문이 아니라 그리스도 예수로 인해 아무런 조건없이 찾아온 것이었다. 이 놀라운 경험과 깨달음 앞에서 바울이 소리친 첫 마디는 바로 이 선언이었다.

[1]그러므로 이제 그리스도 예수 안에 있는 자에게는 결코 정죄함이

없나니 ²이는 그리스도 예수 안에 있는 생명의 성령의 법이 죄와 사망의 법에서 너를 해방하였음이라 _롬 8:1-2

이같이 바울의 확신에 찬 고백에서 알 수 있는 것은, 우리가 죄의 문제에 얽혀 그것 때문에 괴로워하고, 그것을 해결하려고 몸부림치는 것이 주님이 원하시는 것은 아니라는 사실이다. 지은 죄에 전전긍긍하며 사는 것보다, 하나님에게로 돌아서는 것이 오히려 중요한 것이다. 그런데 우리는 현상적인 죄를 회개하는 것에 급급해한다. 그런 우리를 보시며 하나님은 이렇게 초청하셨다.

여호와께서 말씀하신다. '오너라. 우리 허심 탄회하게 이야기해 보자. 너희 죄가 주홍 같을지라도 눈과 같이 희게 될 것이며 진홍같이 붉을지라도 양털처럼 될 것이다. _사 1:18, 현대인의 성경

그러므로 회개 혹은 자기 평가를 가장 정확하게 하는 방법은 하나님을 향하여, 하나님 앞에서 우리를 완전히 노출하는 것이다.

사실 주님이 걱정하시는 것은 우리의 죄가 아니라, 우리가 그 죄를 숨기거나 합리화시킴으로써 그 죄를 유지하는 것이다. 결국 그 죄를 계속 짓고, 그 죄에 의해 지배받는 상황이 계속되는 것을 걱정하신다.

뿐만 아니라 또 다른 문제가 있는데, 그것은 우리가 우리 자신의 죄에 대한 평가를 스스로 하고, 자신이 회개할 것을 스스로 결정하

는 것이다. 또한 스스로 죄라고 생각하는 것을 회개한다. 그렇게 입으로 고백하면 용서받았다고 생각한다. 그렇게 회개한다.

하지만 더 중요한 것은 십자가의 예수를 바라보는 것이다. 죄 사함 역시 주도권이 나에게 있는 것이 아니라 하나님께 있기 때문이다. 우리의 열심과 관계없이 그리스도 예수를 통해 우리 죄를 용서하셨기 때문이다.

회개의 핵심

그러므로 회개에 있어 가장 중요한 것은 하나님을 아는 것이다. 이것은 우리가 죄를 구체적으로 토설하는 것보다 더 중요하다. 왜냐하면 하나님 아버지를 온전히 알 때 회개는 당연해진다. 죄가 미워지기 때문이다.

최민식이 주연한 영화 '침묵'(김지우 감독)이 있다. 영화 중에 임태산(최민식)은 엄청난 재벌로 임미라(이수경)의 아버지이다. 그는 유명한 여가수인 박유나(이하늬)를 사랑하여 약혼하지만 딸은 그런 아버지와 박유나를 싫어한다. 어느 시점인지 알 수 없지만, 딸은 아버지를 아버지라 부르지도 않을만큼 사이가 멀어져 있었고 자기 멋대로 산다. 친구들과 어울려 클럽과 쾌락을 즐긴다. 하지만 딸이 저지르는 모든 죄는 아버지가 돈의 권력으로 다 막아주고 있었다.

그러던 어느 날, 딸은 아버지의 여자가 과거에 사랑했던 어떤 남

자와의 성관계 동영상을 우연히 보는 순간 분노한다. 그날 만취한 상태의 딸은 아버지의 여자를 죽음에 이르게 한다. 딸은 만취 상태였던 까닭에 그 일을 전혀 기억하지 못하고 있었다. 하지만 CCTV는 딸의 차가 아버지의 여자를 쳐 죽게 만든 모습이 찍혀 있었다. 그 CCTV 기록 때문에 딸이 잡혀가는 것은 분명했다. 그런데 아버지는 CCTV 기사를 매수하고 태국 방콕의 한 세트장을 빌려 딸과 자신의 약혼녀와 닮은 여자를 고용하여 조작된 영상을 만들었다. 딸이 아니라 자신이 약혼녀를 죽이는 위조영상이었다. 그것이 법정에서 결정적 증거가 되어 아버지는 투옥되지만, 이후 딸은 이 조작의 전모를 알게 된다. 아버지가 자신을 살리기 위해 사랑하는 여자를 죽이는 것으로 꾸민 것을 안 것이다.

아버지는 딸의 죄를 미워했다. 그러나 그 죄 때문에 딸이 평생 죄인으로 살 것을 생각하니 견딜 수 없었던 것이다. 딸을 향한 아버지의 사랑에서 딸의 죄는 문제가 되지 않았다. 아버지는 그 죄를 미워했지만, 그 모든 죄를 자신이 대신 짊어지고 딸을 살린 것이다.

나중에 이 모든 사실을 알게 된 딸은 아버지를 면회 간 자리에서 오열한다. 잘못했다고, 아버지가 하지 않은 것을 안다고, 앞으로 잘하겠다고 말하며 통곡한다. 그리고 그동안 부르지 않았던 말, '아버지'라고 부른다.

아버지는 딸이 자신을 '아버지'라고 부르는 것을 보고 "네가 나를 아버지라고 했다"라고 말하며 웃는 것이 전부였다. 그리고 네가 보고 싶으니까 자주 면회 오라는 말과 함께 그 자리를 떠난다.

아버지에게 딸의 죄는 문제가 되지 않았다. 오히려 아버지는 그 죄를 다 짊어질 수 있다는 것을 기뻐했다. 딸이 그 죄를 뉘우치고 아버지에게로 돌아와 '아버지'라고 부르는 것으로 충분했다. 그런 아버지를 딸이 알았다. 그렇다면 그때부터 딸은 어떤 태도로 삶을 살았을까?

분명한 것은 딸이 그때부터 미워하게 된 것은 두말할 것 없이 '죄'였을 것이다. 영화는 그 이후 이야기를 쓰지 않지만, 그 딸이 어떻게 살았을지는 말할 필요도 없다. 딸은 자신의 죄를 미워했을 것이다. 아버지의 사랑을 안 딸이 할 사랑의 고백은 죄를 미워하는 것이었을 테니까.

우리가 하나님을 바라보며 하나님을 알면 알수록 우리는 우리의 죄가 미워질 수밖에 없다. 그리고 하나님에게로 나아가는 것이 회개의 완성이고, 그 사랑에 파묻혀 사는 것이 크리스천의 삶이 될 수밖에 없는 이유이다.

내 죄가 기억나지 않는다

죄는 하나님이 다 해결하셨다. 모든 죄를 대신 짊어지시고 죽으셨다. 우리에게 필요한 것은 죄를 보는 것이 아니라 하나님을 보는 것이다. 그래서 히브리서 기자가 이렇게 권면하였다.

¹모든 무거운 것과 얽매이기 쉬운 죄를 벗어 버리고 인내로써 우리 앞에 당한 경주를 하며 ²믿음의 주요 또 온전하게 하시는 이인 예수를 바라보자_히 12:1-2

지금까지 한 이해를 가지고 다시 번역하면 다음과 같을 것이다.

우리를 그동안 꽉 짓누르던 모든 짐과 우리를 끊임없이 따라다니며 괴롭히고 얽어맸던 죄를 저리로 모두 던져버리고, 지금 우리가 걸어가는 길을 잘 견디며 경주를 하되, 우리에게 믿음을 갖게 하시고 그 믿음을 분명히 완성시키실 예수만 바라보자.

_히 12:1-2, 하정완의 역

더 놀라운 일은, 이제 죄를 미워하고 부끄러워하고 하나님의 사랑에 빠져 사는 우리에게 이상한 일이 벌어지는 것이다. 죄가 기억나지 않는 것이다. 잔느 귀용은 그같은 신비를 이렇게 말했다.

"머지 않아 당신은 과거에 지은 죄를 기억할 수 없게 되고, 어느 순간 그 사실을 깨닫고 깜짝 놀랄 것입니다. 이해할 수 없는 일이 벌어졌다고 불안해하지 마십시오. 죄를 기억할 수 없다는 것은 그 죄로부터 정결하게 되었다는 증거입니다."(잔느 귀용, 하나님을 경험하는 기도, 71)

정말 놀라운 일이지만, 이같은 현상은 하나님이 우리 죄를 우리에게서 지우셨기 때문에 벌어지는 것이다.

에스겔 선지자의 말이다.

> [21]그러나 악인이 만일 그 행한 모든 죄에서 돌이켜 떠나 내 모든 율례를 지키고 법과 의를 행하면 정녕 살고 죽지 아니할 것이라 [22]그 범죄한 것이 하나도 기억함이 되지 아니하리니 그 행한 의로 인하여 살리라 _겔 18:21-22

 묵상질문

우리는 분명히 온전하게 회개한 것 같은데, 여전히 죄의 문제 때문에 근심한다. 죄책감과 함께, 죄로 인한 형벌에 대한 두려움에 지배된 상태가 유지된다. 더욱이 두려움이나 형벌의 감정이 남아 있고, 죄 사함과 구원의 확신이 흔들리기도 한다. 왜 이런 일이 벌어지는 것일까? 이제 어떻게 해야 하는가?

_____

_____

_____

_____

_____

계속해서 회개해야 한다

우리는 자신의 죄를 회개하고 예수를 믿어 구원에 이르렀다. 그때 우리는 우리 자신이 죄인임을 인정하고, 자신의 욕망대로 살던 것을 내려놓고 방향을 돌려 우리를 구속하신 예수를 믿은 것이다.

그런데 앞에서 살핀 것처럼 우리는 죄를 품은 상태에서 예수를 믿었다. 이 말은 이 죄가 구원의 결격 사유가 되지는 않지만, 우리 몸에 그 죄의 흔적이 남아 있다는 뜻이다. 그런 의미에서 우리는 바울이 정의한 대로 "유혹의 욕심을 따라 썩어져 가는 구습을 따르는 옛 사람"(엡 4:22)이다.

물론 그 옛 사람으로 여전히 살지라도 구원이 방해되지는 않는다. 하지만 우리의 죄된 습성이 자동적으로 해결되는 것도 아니다.

여전히 우리 안에는 죄된 성품과 프로그램이 남아 있기 때문이다.

다시 죄를 범하지 않는 법

현장에서 간음하다가 잡혀 온 여인을 사람들이 돌로 쳐 죽이려고 했을 때였다. 놀랍게도 주님은 그녀의 죄를 문제 삼지 않으셨다. 정죄하지 않으셨던 것이다. 하지만 그녀가 해야 할 것이 한 가지 있었다. 그것은 다시 죄를 짓지 않는 것이었다.

> 나도 너를 정죄하지 아니하노니 가서 다시는 죄를 범하지 말라
>
> _요 8:11

"다시는 죄를 범하지 말라."

그런데 사실 그 여인은 다시 죄를 범했을 것이다. 예외없이, 그 여인은 주님의 말씀을 온전히 지키지 못했을 것이다. 그것은 우리도 마찬가지다. 우리가 분명히 구원받았지만 다시 죄를 범하기 때문이다. 어떻게 다시 죄를 범하지 않을 수 있을까? 그것은 분명 불가능한 일이어서 그렇다.

욥기를 보면 사탄이 세상을 두루 다니다가 하나님 앞에 나오는 장면이 있다. 사탄이 발견한 것은 '까닭없이 하나님을 믿는 사람은 없다'는 사실이었다. 그런데 하나님이 의외의 말씀을 하셨다.

네가 내 종 욥을 주의하여 보았느냐 그와 같이 온전하고 정직하여
하나님을 경외하며 악에서 떠난 자는 세상에 없느니라 _욥 1:8

이같은 하나님의 생각이 틀린 것을 증명하기 위해 사탄은 하나
님의 허락을 받고 욥을 시험한다. 그런데 놀랍게도 욥은 하나님이
말씀하신 것처럼 의로운 자였다. 결국 이유없는 고난을 당하는 욥
이 하나님께 상소를 하는데, 그때 하나님이 나타나셔서 하신 말씀
은 놀라웠다.

네가 나의 판결을 뒤엎을 셈이냐? 너의 무죄함을 내세워 나를 죄인
으로 몰 작정이냐? _욥 40:8, 공동번역

하나님이 욥의 무죄를 공인하신 것이다.
우리는 로마서가 말하듯, 이 세상에 '의인은 없다'(롬 3:10)라는 말
에 동의한다. 그런데 하나님이 의로운 자로 욥을 내세우신 것이다.
이것을 어떻게 이해해야 할까? 욥기에 기록된 욥의 행동을 통해, 욥
이 어떻게 무죄하다고 말할 수 있는가?
그 비밀은 욥기 1장에서 찾을 수 있다. 간단한 예로, 욥의 생일에
아들들이 누이 세 명과 함께 집에서 잔치를 열었는데, 다음 날 아침
욥은 혹시나 죄를 범했을지도 모를 가족 모두를 위해 성결례로 번
제를 드렸다.

그들이 차례대로 잔치를 끝내면 욥이 그들을 불러다가 성결하게 하되 아침에 일어나서 그들의 명수대로 번제를 드렸으니 이는 욥이 말하기를 혹시 내 아들들이 죄를 범하여 마음으로 하나님을 욕되게 하였을까 함이라 욥의 행위가 항상 이러하였더라 _욥 1:5

'욥의 행위가 항상 이러하였더라.' 욥은 매일매일, 하루를 이와같이 종결하는 삶을 살았다. 그러니까 욥은 죄를 잠시도 방치하지 않고 하루하루 정리하는 삶을 산 것이다.

주님께서 여인에게 말씀하신 "다시는 죄를 범하지 말라"는 말씀의 의미는 죄를 다시 범하지 않는 노력과 함께, 죄를 범했을 때는 그 죄를 그때그때 해결할 것을 요청하신 것이다. 쉽게 말해서 계속 회개하라는 것이다.

잃어버린 것

주님이 소아시아 일곱 교회에게 보낸 편지가 요한계시록에 기록되어 있는데, 그것이 일곱 모습의 교회를 설명한다고 말할 수 있지만, 일곱 가지 모습으로 드러난 교회의 현상이라고 말할 수도 있다.

그 중 칭찬받은 서머나와 빌라델비아 교회 외에, 주님은 나머지 다섯교회를 책망하셨지만, 동시에 어떻게 살아야 하는지 해결책을 제시하셨다. 그것은 바로 회개였다.

그러므로 어디서 떨어졌는지를 생각하고 회개하여 처음 행위를 가지라 만일 그리하지 아니하고 회개하지 아니하면 내가 네게 가서 네 촛대를 그 자리에서 옮기리라 _계 2:5, 에베소교회

그러므로 회개하라 그리하지 아니하면 내가 네게 속히 가서 내 입의 검으로 그들과 싸우리라 _계 2:16, 버가모교회

또 내가 그에게 회개할 기회를 주었으되 자기의 음행을 회개하고자 하지 아니하는도다 _계 2:21, 두아디라교회

그러므로 네가 어떻게 받았으며 어떻게 들었는지 생각하고 지켜 회개하라 만일 일깨지 아니하면 내가 도둑 같이 이르리니 어느 때에 네게 이를는지 네가 알지 못하리라 _계 3:3, 사데교회

무릇 내가 사랑하는 자를 책망하여 징계하노니 그러므로 네가 열심을 내라 회개하라 _계 3:19, 라오디게아교회

주님의 편지에서 알 수 있듯이 그들의 죄의 근원은 '처음 행위'을 잃은 데 있었다. 그러나 그들은 처음에 온전히 예수를 믿고 주님을 사랑하던 교회들이었다. 그런데 지금은 떨어졌다. 주님이 토하여 내칠 상황에 이른 것이다.

그렇다면 이들은 어떻게 처음 행위에서 이탈한 것일까? 다시 말

해, 어떻게 믿음에서 떨어지게 된 것일까?

라오디게아교회에게 쓴 편지에서 그 실마리를 찾을 수 있는데, 라오디게아 교회는 주님이 '사랑하는'(계 3:19) 교회였다. 그런데 시간이 지나면서 믿음이 변질되어 이상한 모습으로 변하였는데, 그것은 미지근해진 것이다.

> [15]내가 네 행위를 아노니 네가 차지도 아니하고 뜨겁지도 아니하도다 네가 차든지 뜨겁든지 하기를 원하노라 [16]네가 이같이 미지근하여 뜨겁지도 아니하고 차지도 아니하니 내 입에서 너를 토하여 버리리라 _계 3:15-16

왜 이렇게 됐는가?

왜 이렇게 변한 것일까? 그 이유 중 하나는 그들의 삶이 부요해진 까닭이다. 당연히 하나님이 축복하신 결과이지만, 부요가 독이 되었다. 그 부요 때문에 내면의 가난하고 헐거벗고 비참해진 모습을 보지 못하게 된 것이다.

> 네가 말하기를 나는 부자라 부요하여 부족한 것이 없다 하나 네 곤고한 것과 가련한 것과 가난한 것과 눈 먼 것과 벌거벗은 것을 알지 못하는도다 _계 3:17

그러나 더 근본적인 이유가 있다. 주님께서 회복의 길로 회개를 말씀하셨지만, 흥미롭게도 그 말씀 속에 라오디게아 교회가 왜 이 같은 상황에 이르렀는지에 대한 답이 들어 있다.

무릇 내가 사랑하는 자를 책망하여 징계하노니 그러므로 네가 열심을 내라 회개하라 _계 3:19

"그러므로 네가 열심을 내라 회개하라"를 헬라어 성경으로 읽어 보면 '젤루에 운 카이 메타노에손'(ζήλευε οὖν καὶ μετανόησον)이다. 이 문장에서 '그러므로'란 뜻의 '운'은 우위 접속사로 문장 앞에 두어 해석하면 된다. 그러나 '그리고'란 뜻의 등위접속사 '카이'는 두 개의 명령법으로 쓰인 동사, '열심을 내다'는 뜻의 '젤로오'와 '회개하다'는 뜻의 '메타노에오'를 동등한 위치에 연결시키는 역할을 한다. 따라서 직역하면 '열심을 내라 그리고 회개하라'로 해석할 수 있다.

하지만 그렇게 단순하게 해석할 수 없는 이유가 있다. 비록 등위 접속사 '카이'로 연결되었지만 '열심을 내라'로 번역되는 '젤로오'는 현재 능동태로 쓰인 반면, '회개하라'로 번역된 '메타노에오'는 과거 능동태로 쓰였기 때문이다.

그러니까 라오디게아 교회의 문제는 분명히 회개하고 예수를 믿고 걸어왔지만 어느 날부터인가 회개를 멈춘 것이다. 회개했던 것은 과거의 일이었다. 과거 시제를 쓴 이유다. 하지만 주님은 해결책으로 "열심을 내라"는 명령을 하셨는데, 현재(과거 어느 시점부터 시작해서 지금도 계속 진행되는 상태) 시제로 기록한 의미다. 그러니까 과거에 회개한 것이 그때로 끝나는 것이 아니라 지금도 계속 이어져야 한다는 뜻이다. 이같이 시제를 제대로 적용해서 번역하면 다음과 같다.

그러므로 과거에 회개하였고 그때 열심을 내었던 것처럼 지금도 계속 열심을 내어 회개해야 한다 _계 3:19b, 하정완의 역

그러므로 우리는 계속 회개해야 한다. 이처럼 계속 회개한다는 것은 언제나 자신이 죄인이라는 고백을 뜻한다. 죄가 모두 사함 받지 못했다는 뜻이 아니라, 하나님의 은혜 없이는 언제 다시 죄를 범하게 될지 모른다는 고백이다. 다른 말로 하면 겸비, 곧 겸손이고, 또 다른 의미는 주님이 말씀하신 자기부인이라 할 것이다.

그런데 우리는 그동안 너무 쉽게 회개하였다. 무슨 말인가 하면, 죄를 고백하고 난 후 너무 빨리 잊고 지나친 것이다. 우리 몸과 마음에 흔적, 곧 프로그램으로 남아 있다는 것을 간과하고서 말이다. 언제나 그 죄를 다시 반복할 수 있다는 것은 인지하지 못한 채, 자신이 지은 죄를 너무 빨리 잊은 것이다.

내 죄를 기억해야 한다

우리는 항상 자기 죄를 기억하고, 잊지 말고 살아야 한다. 사실 우리가 죄를 생각하고 죄인임을 의식한다고 해서 우리의 죄가 다시 재생되는 것은 아니다. 이것은 1만 달란트 빚진 자가 자신이 탕감받았던 1만 달란트를 생각하는 것과 같다. 그렇다고 해서 다시 빚을 갚아야 하는 일은 벌어지지 않는다. 갚을 필요가 없어졌기 때문이다. 하지만 그 빚을 기억하는 것은 오히려 겸손한 삶의 태도를 드러내게 할 확률이 높다.

이같은 태도로 산 대표적인 인물이 바울이다. 바울은 거의 성화 단계에 있을법했던 말년의 시절, 순교를 앞두고 쓴 디모데전서에서 스스로를 '죄인의 괴수'라고 고백하였다. 그는 늘 자신이 죄인이라는 것을 잊지 않고 살았다. 마틴 루터의 표현으로 하면 '의인이면서 동시에 죄인'(Simul Justus Et Peccator)임을 의식하며 살았다.

> 미쁘다 모든 사람이 받을 만한 이 말이여 그리스도 예수께서 죄인을 구원하시려고 세상에 임하셨다 하였도다 죄인 중에 내가 괴수니라 _딤전 1:15

이 고백을 '과거에는 그랬다는 것'이었다고 생각할지 모르지만, 헬라어 성경은 정확하게 '혼 프로토스 에이미 에고'(ὧν πρῶτός εἰμι ἐγών)라고 쓰고 있다. 직역하면 '나는 (죄인들 중) 첫 번째(프로토스)

이다'라는 뜻이다. 여기서 동사 '에이미'가 현재형으로 쓰여진 까닭에, 그 뜻은 과거부터 시작하여 현재까지 계속해서 죄인이라는 의미다. 그러니까 바울은 단 하루도 자신이 죄인 중의 괴수라는 사실을 잊은 적 없이 살았던 것이다. 이같은 인식은 바울로 하여금 하나님의 은혜를 잊지 않고 살게 하였다. 그래서 그는 어떤 행위도 자랑하지 않았다. 죄인의 괴수임을 늘 생각하고 있었기에, 지금 존재하는 것 자체가 은혜였던 것이다.

> 내가 나 된 것은 하나님의 은혜로 된 것이니 내게 주신 그의 은혜가 헛되지 아니하여 내가 모든 사도보다 더 많이 수고하였으나 내가 한 것이 아니요 오직 나와 함께 하신 하나님의 은혜로라 _고전 15:10

우리는 예수를 믿으므로 구원을 받았으며, 우리의 어떤 죄도 예수 때문에 이뤄진 우리의 구원을 털끝만큼도 방해할 수 없다. 이것은 우리가 쟁취한 것이 아니라 전적으로 하나님의 은혜의 결과이다. 의롭다고 인정받은 칭의적 구원을 받은 것이다.

그러나 우리 몸과 마음에 오랜 시간 동안 유혹의 욕심을 따라 새겨진 프로그램 같은 죄가 사라진 것은 아니다. 그 죄는 우리가 얻은 구원을 방해하지 못하지만, 성화 곧 성숙한 크리스천이 되는 것을 방해한다. 그러므로 여전히 우리를 묶고 있고 영향을 주고 있는 죄를 해체하고, 나에게 영향을 주지 않은 상태까지 이르는 것이 중요하다. 이를 위해 우리의 회개는 지속되어야 한다.

그러므로 지금 라오디게아 교회가 해야 할 것은 이전에 했던 회개(메타노에오 과거형)로 끝나지 않고 계속 회개(젤로오 현재형)하는 것이어야 했다. 당연히 오늘 우리가 추구해야 할 회개이다.

결벽증처럼 회개하라

바울은 자신의 죄에 대하여 결벽증처럼 민감하였다. 그것은 주님이 자신을 위해 저주 받아 죽으신 그 은혜를 조금이라도 훼손하는 것을 부끄러워했기 때문이었고, 더 나아가 자신이 자격미달이 되지 않을까 두려워했기 때문이었다.

바울은 자신을 과신하지 않았다. 늘 겸손히 하나님 앞에 서서 도움을 구하며, 자신의 죄를 늘 주시하고 매일 자신의 몸을 쳐서 복종시키는 삶을 추구하였다. 그의 고백을 들어보면 알 수 있다.

> 내가 다른 사람들에게 멋있게 복음을 전하였고 사람들은 열광하며 복음을 받아들였습니다. 그들 모두 그 복음의 신비 가운데서 구원의 목표에 이릅니다. 그런데 어이없게도 나는 내가 전한 복음의 기준대로 살지 않으므로 자격미달이 되어 탈락하는 것입니다. 그것이 나는 두렵습니다. _고전 9:27, 하정완의 역

이같은 태도는 바울만이 아니라 모든 그리스도 예수의 사람들의

태도였고, 그렇게 살았다.

> 그리스도 예수의 사람들은 육체와 함께 그 정욕과 탐심을 십자가에
> 못 박았느니라 _갈 5:24

우리는 계속 회개해야 한다. 이 회개는 죄의 용서를 믿지 않는다는 뜻이 아니라, 우리 몸과 생각과 정신에 새겨진 죄의 흔적을 지워야 한다는 뜻에서이다. 언제 그 죄가 1만 달란트 빚진 자의 태도처럼 변하게 만들지 모르기 때문이다.

그러므로 우리의 회개는 현상적으로 보이는 죄만이 아니라, 우리가 간과한 것이지만 여전히 우리 안에서 꿈틀거리고 있는 죄의 동기로서 마음의 죄까지 회개해야 한다. 사실 주님은 우리의 현상적인 죄만이 아니라 우리 마음의 죄를 더 심각하게 여기셨다. 주님은 잠재적 죄 정도가 아니라 이미 실행한 죄로 여기셨다.

> ²⁷또 간음하지 말라 하였다는 것을 너희가 들었으나 ²⁸나는 너희에
> 게 이르노니 음욕을 품고 여자를 보는 자마다 마음에 이미 간음하
> 였느니라 _마 5:27-28

이것이 우리가 계속 회개해야 하는 내용이자 이유이다. 눈에 보이는 죄만이 아니라, 그것의 동기인 마음에 불일 듯 일어나는 생각까지 주님 아래 복종시키는 마음 훈련까지 계속 해야 한다. 그리고

하나님과의 일치를 통해 우리 마음까지 하나님의 뜻에 따라 움직일 때까지 우리의 회개와 수련을 멈춰서는 안 된다. 어느 날 바울이 했던 탄식의 고백이 다른 존재로 드러나는 아름다운 고백으로 바뀔 때까지 말이다.

> 내가 원하는 바 선은 행하고(원래는 '행하지 아니하고') 도리어 원하지 아니하는 바 악을 행하지 않는도다(원래는 '행하는도다') _롬 7:19 인용, 변화된 존재의 다른 고백,

 묵상질문

우리가 계속해서 회개해야 하는 이유는 그리스도 예수의 대속으로 사라졌지만, 그 죄의 힘과 흔적은 우리 안에 남아 있기 때문이다. 그러므로 이미 회개한 죄라 할지라도 회개는 계속되어야 한다. 나를 얽어매지 않고 그 죄로부터 자유로워질 때까지 말이다. 그렇지 않은가? 나는 이전에 회개했던 죄에 묶이지 않고 자유롭다고 자신할 수 있는가?

_____

_____

_____

_____

_____

Part

3

구체적으로
회개하라

왜 여전히 죄를 짓는가?

이제 본질적인 질문 앞에 설 수밖에 없다. 놀라운 은혜의 구속을 경험한 우리는 왜 여전히 죄를 범하는가? 심지어 나를 위해 죽으신 예수 그리스도의 십자가 사건과 구속을 알면서도, 왜 우리는 죄를 범하는 것인가?

죄들의 근원이 되는 죄

창세기는 우리가 짓는 죄들의 근원이 되는 죄가 무엇인지를 설명한다. 바로 선악과 사건이다. 사실 에덴동산 시기는 인간 역사에서 가장 죄와 관계없을 시기였고, 타락하기 전의 아담과 하와는 선악의

차이를 모르는 상태였다. 이것을 쇠렌 키에르케고르는 '순진함'이라고 표현했다. 소위 인간 세상에서 보이는 살인, 음욕, 시기, 질투, 배반 등의 악이 존재하지 않은 상태였을 것이다. 이처럼 모든 것이 풍요로울 뿐만 아니라 사회적 범죄조차 짓지 않았을 시기에 아담과 하와는 죄를 범한다. 그것도 매우 치명적인 죄로 선악과를 따 먹는다. 분명히 하나님께서 경고하시고 금지하신 것을 어긴 것이다. 그 같은 죄를 왜 범한 것인가?

더욱 의문이 드는 것은 에덴동산 가운데 있는 두 개의 나무 중 왜 선악과 나무의 열매를 따 먹었느냐 하는 것이다. 또 다른 나무, 곧 영생에 이르게 하는 열매가 열리는 생명나무의 열매를 따 먹을 수 있는데도 말이다. 선악과가 영원한 생명보다 우선 될만큼 간절했다는 뜻이다. 왜 그랬던 것일까?

창세기는 매우 정확하게 그 동기를 기록하는데, "하나님과 같이 되고자 하는"(창 3:5) 데 있었다고 기록하고 있다. 창세기 기록에는 뱀이 속삭이는 것으로 나온다.

너희가 그것을 먹는 날에는 너희 눈이 밝아 하나님과 같이 되어 선악을 알줄을 하나님이 아심이니라 _창 3:5

왜 하나님이 되고 싶었던 것일까? 사실 매우 중요한 의문점이 아닐 수 없다. 하나님께서 사람을 하나님의 형상대로 완전하게 창조하셨는데, 왜 이같은 욕망이 생긴 것일까?

키에르케고르는 그의 책 〈불안의 개념〉에서 아담과 하와가 순진하였고, 그들에겐 우리처럼 더러운 욕망과 마음이 존재하지 않았지만, 또 다른 무엇인가가 있었다고 말하는데, 그게 바로 '무(無)'이다.

"무는 어떤 작용을 하는가? 무는 불안을 낳는다. 순진함은 동시에 불안이라는 사실, 바로 이 사실이 순진함의 심오한 비밀인 것이다. 정신은 꿈꾸면서 자기 자신의 현실성을 투영한다."(쇠렌 키에르케고르, 불안의 개념, 한길사, 1999, 159)

무로 인한 이유없는 불안이 있는 까닭에 꿈, 곧 상상하게 되었다는 것이다. 그 순간 뱀으로 상징된 존재의 말에 아담과 하와가 솔깃했던 것이다. 무로 인한 불안이 꾸는 꿈이었다고 할 수 있다.

표면적으로 에덴동산의 아담과 하와는 모든 것이 채워진 상태였다. 부족한 것이 없었다. 하지만 설명할 수 없는 것, 곧 무가 그들의 이유없는 불안이었다. 사실 그 불안은 자연스러운 것으로, 사람이란 스스로 존재하는 자존적 존재가 아니라 하나님으로부터 나온 피조적 존재이기 때문이다. 즉, 스스로 추구함으로 만족에 이를 수 있는 존재가 아니라, 오로지 하나님으로만 채워지는 존재이기 때문이다. 그런 까닭에 에덴동산에서의 그들은 하나님으로 모든 것이 채워지는 상태였지만, 무의 불안, 곧 실체가 보이지 않는 존재론적 불안을 경험하고 있었던 것이다.

그때 속삭이는 뱀의 말에 유혹된다. "하나님과 같이 되고자 하는"(창 3:5) 것이었다.

첫 번째 죄, 근원적인 죄로서 하나님이 되고자 하는 것은 먼저 하나님으로부터 분리되는 것을 의미했다. 단순한 육체적인 죄가 아니라 하나님과의 관계에서 나온 죄라는 점에서 영적인 죄다. 이것이 원죄다. 그래서 주님은 믿지 않는 것을 죄라고 정의하셨다.

> ⁸그가 와서 죄에 대하여, 의에 대하여, 심판에 대하여 세상을 책망하시리라 ⁹죄에 대하여라 함은 그들이 나를 믿지 아니함이요
>
> _요 16:8-9

죄가 발전하여 착각하다

죄의 시작에서 '하나님과 같이 되려' 했다는 동기가 매우 당황스럽지만, 하나님이 창조하신 사람의 존재가 그만큼 대단했다는 뜻이기도 하다. 그들은 표면적으로는 거의 하나님과 방불해 보였다. 사람은 하나님의 형상대로 지음 받은 존재였고, 그들이 가진 권세와 권위는 상상할 수 없을 만큼 대단했다.

> 하나님이 그들에게 복을 주시며 하나님이 그들에게 이르시되 생육하고 번성하여 땅에 충만하라, 땅을 정복하라, 바다의 물고기와 하늘의 새와 땅에 움직이는 모든 생물을 다스리라 _창 1:28

하나님을 제외하고, 사람은 모든 생물체 중 으뜸이었고, 사람에 겐 그들을 다스리는 하나님적(的) 권세가 있었다. 그러니 아담과 하 와는 하나님과 같이 되는 것을 시도할 필요가 없었다. 사람은 처음 부터, 주님이 인용하시기도 했지만(요 10:34-35), 시편 82편 말씀처 럼 신적 존재로 창조되었기 때문이다.

> 내가 말하기를 너희는 신들(엘로힘)이며 다 지존자(엘르욘)의 아들들이 라 _시 82:6

그런 까닭에, 요한이 선포한 것처럼, 우리가 예수의 이름을 믿을 때 하나님의 자녀가 된다. 엄밀하게 말하면 회복되는 것이다.

> 영접하는 자 곧 그 이름을 믿는 자들에게는 하나님의 자녀가 되는 권세를 주셨으니 _요 1:12

그런데 아담과 하와가 이 사실을 잊은 것이다. 그것만이 아니다. 사람이 잊은 또 다른 것은 자신이 티끌, 곧 재라는 사실과, 사람의 권위와 위대함은 하나님으로부터 온다는 사실이었다.

> 여호와 하나님이 땅의 흙으로 사람을 지으시고 생기를 그 코에 불 어넣으시니 사람이 생령이 되니라 _창 2:7

착각한 것이다. 자신이 흙이라는 사실을 잊은 것이다. 사실 흙이라는 말도 적합하지 않다. 개역성경이 '땅의 흙으로'라고 번역했지만, 히브리어 성경에 쓰인 단어는 '아파르'이다. 이를 정확하게 번역하면 '흙'이 아니라 '먼지 혹은 티끌'이다. 그래서 NIV와 같은 영어 번역본들은 'dust'라고 번역하였고, 사전적 의미는 먼지와 티끌 정도가 아니라, 심지어 쓰레기(rubbish)란 뜻을 갖고 있다. 그래서 민수기 19장 17절에서는 '다 타고 남은 전혀 쓸모없는 재(ash)'라고 번역하였다.

그러므로 우리가 '흙'으로 지음받았다는 것은 바람에 날리는 티끌 같은 존재로, 심지어 전혀 쓸모없는 쓰레기같이 하찮은 것에서부터 창조되었다는 뜻이다. 그래서 무로 인한 불안을 경험하는 것이고, 하나님 없이 무를 경험하는 이유이다. 이것이 하나님 안에서만 참된 쉼을 얻을 수 있는 이유이다.

죄의 결과로서 욕망하다

하나님과 같이 되려는 의도로 선악과를 먹은 아담과 하와는 하나님으로부터 독립하는 데는 성공하였다. 하지만 동시에 그들을 찾아온 것은 그들의 본래적 모습, 곧 티끌과 재라는 사실이었다. 그것의 결론은 두려움이었고, 아담과 하와가 하나님을 피해 숨은 이유였다.

내가 동산에서 하나님의 소리를 듣고 내가 벗었으므로 두려워하여
숨었나이다 _창 3:10

뱀이 말한 것처럼 눈이 밝아진(창 3:5) 것이다. '밝아진'의 히브리어 단어는 '파카흐'를 썼는데, '열렸다'(open)라는 뜻이다. 그러니까 눈이 열려 자신의 존재됨과 그로 인해 비롯된 '죄'를 안 것이고, 동시에 '선'이신 하나님을 본 것이다. 그 순간 티끌 같은 존재임을 인식한 것이다. 그때 그들의 불안은 가중되었다.

지금까지 그들의 무를 채우신 것은 하나님이셨고, 막연한 불안에 불과한 것이었지만, 하나님과 분리된 상태에서 존재의 무(無) 경험은 심해진 것이고, 채워지지 않은 불안은 현실로 드러난 것이다. 그 모습을 성경은 이렇게 기록한다.

땅은 너로 말미암아 저주를 받고 너는 네 평생에 수고하여야 그 소산을 먹으리라 _창 3:17

'수고하여야'에 쓰인 히브리어 '이짜본'이 '슬픔, 수고'라는 뜻을 갖고 있지만, 어원은 '아짜브'로 '슬프다, 고통을 주다, 만들다'라는 뜻을 갖고 있다. 수고해야 먹을 수 있기 때문에 멈추지 않고 수고해야 한다. 그래서 먹게 되지만, 결코 만족에 이를 수 없기 때문에 슬프다는 의미이다.

그래도 일하고 수고하는 동안 사람은 불안에서 벗어날 수 있었

다. 이처럼 무엇을 하는 것은 불안한 인간이 평안을 누리는 방법이 되었다. 그것이 발전되어, 무엇을 하기 때문에 무엇을 이루면 평안할 것이라는 착각에 빠진 삶을 사는 것이다.

이처럼 열망하고 소유하는 순간 만족과 기쁨을 얻게 되자, 인간은 더 많은 것을 소유하고자 하는 욕망에 사로잡힌다. 그때부터 결핍을 채우려는 소유의 욕망은 '싸움'을 불가피하게 일으켰다. 물론 긍정적인 측면도 있어서, 소유하고자 하는 욕망은 인간의 문명을 발전시켰다. 그런데 놀랍게도 웬만큼 소유해도 만족하지 못했다. 더 많이 소유하기를 원했고, 그것은 착취로 발전되었다. 동시에 착취당하는 자의 빼앗기지 않으려는 저항이 더 큰 싸움, 곧 증오와 복수에 기반한 전쟁으로 드러나게 되었다. 인간의 역사가 투쟁의 역사가 된 이유이다.

그렇다면 투쟁을 통하여 욕망을 채우면 만족에 이르렀을까? 여하튼 불안한 인간은 끊임없이 물질적이고 현상적인 것을 추구하였고, 그것은 부요와 성공과 쾌락에 초점을 두게 되었다. 감각적으로 그 공허한 허무를 채우고 불안을 잠재우는 일이 벌어지기도 했다. 하지만 일시적이라는 것을 간과했다.

왜 그토록 아름답고 성결하던 다윗이 밧세바를 범한 것일까? 이상하게 들릴지 모르지만, 그의 성공 때문이다. 더 이상 사울에게 쫓겨다니지 않아도 되고 나라는 견고해져서, 자신이 없어도 전쟁을 치를 만큼 탄탄해졌다. 그때 그에게 찾아온 것은 평안과 만족이었을까? 그렇지 않았다. 오히려 이전에 범해보지 못한 가장 치명적인 죄를 범한다. 자신의 충성스러운 부하의 아내인 밧세바를 범한 것이다.

다윗이 놓친 것은 그의 만족이 어디에서 온 것인지를 간과했기 때문일 것이다. 그의 내면은 여전히 허무와 불안이 지배하고 있었고, 무엇이든 채워야 만족하는 존재라는 것을 간과한 것이다. 당연히 더 하나님에게로 나아가야 하는데, 그리 하지 못한 것이다. 모든 것이 다 채워진 것이 아니었다. 다윗에게는 근원적인 결핍과 불안이 있었다. 그것이 터져나온 틈이 성적인 욕망이었다.

솔로몬의 경우도 마찬가지다. 그가 사는 동안 세상 모든 사람이 누리고 싶고 얻고 싶어하던 모든 것을 얻었다. 하지만 그의 근원적 불안이 해결된 것은 아니었다. 그가 모든 것을 얻었지만, 그의 최종 고백은 허무와 절망이었다.

전도자가 이르되 헛되고 헛되며 헛되고 헛되니 모든 것이 헛되도다 _전 1:2

우리가 너무나 많이 확인하는 것처럼, 아무리 유명하고 신령해 보이는 목사나 신부 등 종교지도자들일지라도 예외일 수는 없다. 만일 그들의 추구가 세속적이고 물질적이며 현상적인 것의 풍요와 성공에 초점을 두어 목회한다면, 그같은 추구 때문에 하나님을 추구하는 것이 소홀해진다면, 위험한 죄와 어리석은 열매를 맺는 것에 주의해야 한다. 아무리 채워도 채워지지 않는 것, 시지프스의 신

화처럼, 목적지까지 이르러 성취되어도 평안과 쉼이 오지 않기 때문이다.

그러므로 어쩌면 불행하게도, 어떤 이들에게는 가난하고 약하고 보잘것없는 것이 더 좋은 것인지도 모른다. 자신이 어떤 존재인지를 볼 수 있고 알 수 있기 때문이다. 그래서 바울은 "구태여 자랑해야 한다면 나는 나의 약한 것을 자랑하리라"(고후 11:3, 하정완의 역)고 고백한 것이리라.

다르게 말하면 자신이 티끌과 재 같은 존재임을 고백하고, 언제나 주님 앞에 겸손과 겸비한 자세로 있었던 것이다. 그것이 바울을 지킨 것임을 알 수 있다. 그의 고백에서 알 수 있듯이, 현재 세상에서 자랑으로 여기고, 심지어 어떤 설교자들이 하나님의 축복이라고 여기는 것들을 그는 배설물(개정개역)로 여겼다.

[4]나는 육신에도 신뢰를 둘 만합니다. 다른 어떤 사람이 육신에 신뢰를 둘 만한 것이 있다고 생각하면, 나는 더욱 그러합니다. [5]나는 난 지 여드레만에 할례를 받았고, 이스라엘 민족 가운데서도 베냐민 지파요, 히브리 사람 가운데서도 히브리 사람이요, 율법으로는 바리새파 사람이요, [6]열성으로는 교회를 박해한 사람이요, 율법의 의로는 흠 잡힐 데가 없는 사람이었습니다. [7][그러나] 나는 내게 이로웠던 것은 무엇이든지 그리스도 때문에 해로운 것으로 여기게 되었습니다. [8]그뿐만 아니라, 내 주 예수 그리스도를 아는 지식이 가장 고귀하므로, 나는 그 밖의 모든 것을 해로 여깁니다. 나는 그리스도

때문에 모든 것을 잃었고, 그 모든 것을 오물로 여깁니다.

_빌 3:4-8, 새번역

절대 잊지 말아야 할 것

우리가 절대 잊지 말아야 할 것은 에덴동산에서 쫓겨난 아담과 하와에게 하나님이 말씀하신 것, 곧 우리의 티끌과 재됨이다.

너는 흙이니 흙으로 돌아갈 것이니 _창 3:19

그리고 반드시 기억해야 할 것은, 우리의 권위와 평화가 하나님에게서 온다는 사실이다.

여호와 하나님이 땅의 흙으로 사람을 지으시고 생기를 그 코에 불어넣으시니 사람이 생령이 되니라 _창 2:7

분명 사람은 '아파르 민 하아다마', '땅의 흙으로' 곧 '땅의 티끌(아파르)'로 지음받은 존재로서, 사람(아담)은 땅(아다마)에서 나온 것이지만, 창조 때의 사람은 땅의 사람이 아니다. 하나님이 우리 안에 영을 불어넣으시는 순간부터 생령(a living soul), 곧 하늘의 사람이 되었기 때문이다. 그러므로 우리는 '아담', 즉 땅의 티끌임을 잊지 말고, 언제나 하나님을 추구하며 하나님으로 사는 하늘의 사람이어야 하는 것이다. 그리스도 안에서 말이다.

> [45]기록된 바 첫 사람 아담은 생령이 되었다 함과 같이 마지막 아담은 살려 주는 영이 되었나니 [46]그러나 먼저는 신령한 사람이 아니요 육의 사람이요 그 다음에 신령한 사람이니라 [47]첫 사람은 땅에서 났으니 흙에 속한 자이거니와 둘째 사람은 하늘에서 나셨느니라 [48]무릇 흙에 속한 자들은 저 흙에 속한 자와 같고 무릇 하늘에 속한 자들은 저 하늘에 속한 이와 같으니 [49]우리가 흙에 속한 자의 형상을 입은 것 같이 또한 하늘에 속한 이의 형상을 입으리라 _고전 15:45-49

그러므로 교만해서는 안 된다. 늘 하나님 앞에서 재, 티끌임을 고백하며 겸비해야 한다. 더불어 땅의 사람들의 속삭임, 즉 "성공하라, 번영하라"는 메시지를 좇아 하나님을 떠날 만큼, 하나님을 잊을 만큼 바쁘게 살아서도 안 된다. 아무리 많은 것을 얻을지라도, 하나님 없는 성공은 허무와 고통에 이를 것이기 때문이다.

죄를 해결하는 법

죄를 해결하기 위하여 우리가 첫 번째로 먼저 알아야 할 것은, 앞에서 살핀 것처럼 죄가 영적이라는 사실이다. 그러므로 죄는 하나님과 적대적 관계일 수밖에 없다. 당연히 하나님과 가까워질수록 죄로부터 멀어질 수밖에 없다. 하나님과의 관계 회복이 죄에서 벗어나는 가장 정확한 방법인 이유이다.

두 번째로 중요한 것은, 죄가 영적이지만 우리 몸과 정신에 붙어 있는 죄들, 곧 오랜 시간 유혹의 욕심을 따라 썩어져 가는 구습을 좇는 옛사람의 죄들을 구체적으로 회개하는 것이 필요하다. 이 죄들의 상당 부분은 우리가 생각하고 인식하는 죄들이다.

그럼에도 불구하고 우리는 그동안 전체적으로 대강 죄를 회개했다. 대강 회개한 까닭에 그 죄의 씨앗이 성장하도록 방임한 것이다. 어느 사이엔가 그 죄가 장성하여 우리 자신을 위협하는 지경에 이르렀다. 그러므로 죄를 낱낱이 고백하고 회개하는 것을 놓쳐서는 안 된다. 그 죄들을 끄집어내어 기억하며 기도로 회개해야 한다. 가슴을 치고 옷을 찢으며 부르짖는 것이 필요하다. 다음 장에서 구체적으로 우리가 회개해야 할 죄들을 살피고 회개하는 시간을 갖고자 한다.

세 번째 주의할 부분은 우리가 인지하지 못하는 죄들로, 우리의 무의식에 남아 자신을 지배하는 죄가 존재한다는 것을 잊어서는 안 된다. 프로이드가 말한 것으로 하면 '쉐도우' 같은 것이다. 그것들은 분노, 억울함, 거절받은 감정, 자기 연민 등으로, 자신이 살기 위해 감춰놓은 것들이다. 그것이 도사리고 있다는 사실을 잊어서는 안 된다.

이 죄들이 무의식에 도사리고 있는 까닭에 우리가 이성적으로 회개할 수가 없다. 그러므로 수동적 침묵기도가 중요하다. 하나님 앞에 나 자신을 개방함으로 그 죄들이 밖으로 흘러나오게 하는 것이다. 그때 우리가 영적인 의지로 그 죄들을 버리는 것이 필요하다. 침묵기도의 중요성이다.

네 번째, 마지막으로 중요한 것은 하나님의 말씀을 채우는 것이다. 우리 내면의 공간에 말씀을 채우므로 죄가 자리할 공간을 없애는 것이다. 사실 우리 안에 말씀이 가득 차 있다면, 그만큼 죄가 들어설 자리가 충분하지 않은 것은 자명하기 때문이다. 뿐만 아니라, 말씀은 우리의 죄와 더러움을 드러내기 때문이다. 회개와 함께 말씀이 중요한 이유이다.

[12]하나님의 말씀은 살았고 운동력이 있어 좌우에 날선 어떤 검보다도 예리하여 혼과 영과 및 관절과 골수를 찔러 쪼개기까지 하며 또 마음의 생각과 뜻을 감찰하나니 [13]지으신 것이 하나라도 그 앞에 나타나지 않음이 없고 … 벌거벗은 것 같이 드러나느니라

_히 4:12-13, 개역한글

죄는 잊는 것이 아니라, 회개함으로 주님 앞에 내어놓는 것이다. 우리가 완전한 구속을 받았지만, 여전히 나를 옭아매고 있는 죄를 방임하는 것은 그리스도의 십자가 사건을 값싸게 하는 일이기 때문이다. 그러므로 나를 묶고 있는 죄들이 나를 지배하지 않을 때까지 반복적으로 회개하고 버려야 한다. 동의하는가?

_____

_____

_____

_____

_____

죄의 목록을 적어보라

우리는 분명 우리 자신의 죄를 회개하고 예수를 믿었다고 생각한다. 하지만 1만 달란트 탕감받은 자처럼, 우리는 너무 쉽게 자신의 죄를 잊는다. 심각하게 여기지 않는다. 그리고 하나님의 은혜를 강조하고 쉽게 은혜를 선포하는 일부 설교자들 때문에 죄를 가볍게 여기는 어리석음을 범한다.

하지만 사실 죄는 매우 위험할 뿐 아니라 여전히 우리의 발목을 붙잡고 있을 수 있다. 하나님의 은혜를 값싸게 만들 위험이 있음을 잊지 말아야 한다.

우리 죄를 사하시고 기억하지 않으시는 하나님이지만, 우리는 우리의 죄를 잊어서는 안 된다. 우리는 언제나 죄를 심각하게 생각해야 하며, 계속된 회개가 이어져야 한다.

죄와 저주를 읽어야 한다

분명히 하나님은 죄를 심각하게 여기셨고 그것을 강조하셨다. 그토록 매우 위험하기 때문에 그리스도 예수께서 십자가에서 죽으셨던 것임을 절대 잊어서는 안 된다.

그런데 우리는 죄를 빨리 잊을 뿐 아니라 축복의 말씀을 더 읽고 싶어하고 듣고 싶어한다. 하지만 성경은 축복의 말씀보다 훨씬 더 많은 부분에서 죄로 인한 저주를 말씀하셨다. 예를 들어 신명기 28장에는 하나님이 주시는 복과 저주에 대한 이야기를 쓰고 있는데, 우선 복에 대한 이야기는 1절에서 14절까지 기록되어 있다. 우리가 즐겨 읽는 몇 구절만 소개하면 다음과 같다.

> ³성읍에서도 복을 받고 들에서도 복을 받을 것이며 ⁴네 몸의 자녀와 네 토지의 소산과 네 짐승의 새끼와 소와 양의 새끼가 복을 받을 것이며 ⁵네 광주리와 떡 반죽 그릇이 복을 받을 것이며 ⁶네가 들어와도 복을 받고 나가도 복을 받을 것이니라 … ¹²너는 꾸지 아니할 것이요 ¹³여호와께서 너를 머리가 되고 꼬리가 되지 않게 하시며 위에만 있고 아래에 있지 않게 하시리니 _신 28:3-6,12-13

우리는 이 말씀을 즐겨 읽고, 기도할 때도 수없이 인용하여 기도한다. 하지만 이어지는 15절부터 기록된 저주에 대한 말씀을 언급하지 않는다. 그런데 놀랍게도 죄로 인한 저주에 대한 말씀은 무려

16절부터 68절까지 절 수만 보더라도 4배나 더 많다.

하나님은 왜 이처럼 죄와 저주를 더 많이 언급하셨을까? 분명한 것은 기록에서 알 수 있듯이, 하나님은 먼저 복을 주기 원하시고 계획하신다는 것이고, 죄로 인한 저주에 대한 말씀을 이어서 기록한 것으로 보아 죄로 인해 복이 상실되지 않기를 바라셨음을 알 수 있다. 그러니까 죄에서 벗어나는 것이 하나님이 계획하신 복을 누리게 되는 것이라는 말임을 알 수 있다. 그런데 우리는 죄를 뺀 축복만을 강조하는 어리석음을 범한다. 죄를 회개하고 돌아서는 것은 소홀히 하고 복만 구하는 것이다.

위 본문에서 하나님의 축복을 읽으면서 흐뭇해하는 우리에게, 하나님은 그 축복의 말씀을 다 뒤집고 저주를 기록하셨다. 이것은 저주를 주시겠다는 뜻이 아니라, 우리가 위의 축복을 누리며 살기를 원하시는 주님의 간절함임을 잊지 말아야 한다.

> ¹⁶네가 성읍에서도 저주를 받으며 들에서도 저주를 받을 것이요 ¹⁷또 네 광주리와 떡 반죽 그릇이 저주를 받을 것이요 ¹⁸네 몸의 소생과 네 토지의 소산과 네 소와 양의 새끼가 저주를 받을 것이며 ¹⁹네가 들어와도 저주를 받고 나가도 저주를 받으리라 … ⁴³너의 중에 우거하는 이방인은 점점 높아져서 네 위에 뛰어나고 너는 점점 낮아질 것이며 ⁴⁴그는 네게 꾸어줄지라도 너는 그에게 꾸어주지 못하리니 그는 머리가 되고 너는 꼬리가 될 것이라 _신 28:16-19,43-44

68절까지 이어지는 말씀에는 이보다 더 심한 저주가 기록되어 있지만, 더 끔찍한 저주는 인용하지도 않았다. 이 기록에서 알 수 있듯이, 하나님은 매우 분명하게 우리 죄를 미워하신다. 그러므로 죄를 대충 덮고, 온전한 회개가 없는데도 믿음으로 구원에 이른다는 말로 함부로 왜곡하지 말아야 한다.

분명히 우리는 우리 죄를 위해 그리스도께서 대신 죽으심으로 용서받을 수 있었고 용서받았다. 그러므로 이제 남은 것은 죄를 인정하고, 자신을 여전히 묶고 있는 죄들을 끄집어내어 회개하며 하나님께 나아가는 삶을 살아야 한다. 그렇다면 이제 우리들의 죄를 살펴보자.

죄의 목록

다음의 죄들은 성경에서 언급하고 있는 죄들이다. 이 죄의 목록 중에서 나에게 여전한 죄는 어떤 것인지 살피려 하는데, 말씀을 읽을 때 단순하게 읽지만 말고, 자신의 죄와 관계있는 것들에는 밑줄을 긋거나 따로 아래 노트 공간에 적으면 좋을 것 같다. 읽는 동안 자신의 죄가 보이거나 반복적으로 기술되고 있으면, 힘들 수는 있지만 직면하는 것이 중요하다.

¹⁹육체의 일은 분명하니 곧 음행과 더러운 것과 호색과 ²⁰우상 숭배와 주술과 원수 맺는 것과 분쟁과 시기와 분냄과 당 짓는 것과 분열함과 이단과 ²¹투기와 술 취함과 방탕함과 또 그와 같은 것들이라 전에 너희에게 경계한 것 같이 경계하노니 이런 일을 하는 자들은 하나님의 나라를 유업으로 받지 못할 것이요_갈 5:19-21

---

¹⁹마음에서 나오는 것은 악한 생각과 살인과 간음과 음란과 도둑질과 거짓 증언과 비방이니 ²⁰이런 것들이 사람을 더럽게 하는 것이요 씻지 않은 손으로 먹는 것은 사람을 더럽게 하지 못하느니라

_마 15:19-20

---

²⁶이 때문에 하나님께서 그들을 부끄러운 욕심에 내버려 두셨으니 곧 그들의 여자들도 순리대로 쓸 것을 바꾸어 역리로 쓰며 ²⁷그와 같이 남자들도 순리대로 여자 쓰기를 버리고 서로 향하여 음욕이 불일듯 하매 남자가 남자와 더불어 부끄러운 일을 행하여 그들의 그릇됨에 상당한 보응을 그들 자신이 받았느니라 ²⁸또한 그들이 마음에 하나님 두기를 싫어하매 하나님께서 그들을 그 상실한 마음대로 내버려 두사 합당하지 못한 일을 하게 하셨으니 _롬 1:26-28

²⁹곧 모든 불의, 추악, 탐욕, 악의가 가득한 자요 시기, 살인, 분쟁, 사기, 악독이 가득한 자요 수군수군하는 자요 ³⁰비방하는 자요 하나님께서 미워하시는 자요 능욕하는 자요 교만한 자요 자랑하는 자요 악을 도모하는 자요 부모를 거역하는 자요 ³¹우매한 자요 배약하는 자요 무정한 자요 무자비한 자라 ³²그들이 이같은 일을 행하는 자는 사형에 해당한다고 하나님께서 정하심을 알고도 자기들만 행할

뿐 아니라 또한 그런 일을 행하는 자들을 옳다 하느니라 _롬 1:29-32

---

²⁰또 이르시되 사람에게서 나오는 그것이 사람을 더럽게 하느니라
²¹속에서 곧 사람의 마음에서 나오는 것은 악한 생각 곧 음란과 도둑
질과 살인과 ²²간음과 탐욕과 악독과 속임과 음탕과 질투와 비방과
교만과 우매함이니 ²³이 모든 악한 것이 다 속에서 나와서 사람을 더
럽게 하느니라 _막 7:20-23

---

¹⁷네가 교훈을 미워하고 내 말을 네 뒤로 던지며 ¹⁸도둑을 본즉 그와 연합하고 간음하는 자들과 동료가 되며 ¹⁹네 입을 악에게 내어 주고 네 혀로 거짓을 꾸미며 ²⁰앉아서 네 형제를 공박하며 네 어머니의 아들을 비방하는도다 ²¹네가 이 일을 행하여도 내가 잠잠하였더니 네가 나를 너와 같은 줄로 생각하였도다 그러나 내가 너를 책망하여 네 죄를 네 눈 앞에 낱낱이 드러내리라 하시는도다 ²²하나님을 잊어버린 너희여 이제 이를 생각하라 그렇지 아니하면 내가 너희를 찢으리니 건질 자 없으리라 _시 50:17-22

_____

_____

_____

_____

_____

¹⁶여호와께서 미워하시는 것 곧 그의 마음에 싫어하시는 것이 예닐곱 가지이니 ¹⁷곧 교만한 눈과 거짓된 혀와 무죄한 자의 피를 흘리는 손과 ¹⁸악한 계교를 꾀하는 마음과 빨리 악으로 달려가는 발과 ¹⁹거짓을 말하는 망령된 증인과 및 형제 사이를 이간하는 자이니라

_잠 6:16-19

_____

술 취하고 탐식하는 자는 가난하여질 것이요 잠 자기를 즐겨하는
자는 해어진 옷을 입을 것임이니라 _잠 23:21, 개역한글

배불리 먹여놓았더니, 간음이나 하고, 창녀집에나 몰려다니는구나.
먹음새 좋은 말이 성욕이 동하듯 남의 아내를 후리려고 힝힝거리는
구나. _렘 5:7-8, 공동번역

⁸너희는 불의를 행하고 속이는구나 그는 너희 형제로다 ⁹불의한 자가 하나님의 나라를 유업으로 받지 못할 줄을 알지 못하느냐 미혹을 받지 말라 음행하는 자나 우상 숭배하는 자나 간음하는 자나 탐색하는 자나 남색하는 자나 ¹⁰도적이나 탐욕을 부리는 자나 술 취하는 자나 모욕하는 자나 속여 빼앗는 자들은 하나님의 나라를 유업으로 받지 못하리라 _고전 6:8-10

---

⁵그러므로 땅에 있는 지체를 죽이라 곧 음란과 부정과 사욕과 악한 정욕과 탐심이니 탐심은 우상 숭배니라 ⁶이것들로 말미암아 하나님의 진노가 임하느니라 ⁷너희도 전에 그 가운데 살 때에는 그 가운데서 행하였으나 ⁸이제는 너희가 이 모든 것을 벗어 버리라 곧 분함과 노여움과 악의와 비방과 너희 입의 부끄러운 말이라 _골 3:5-8

---

⁹알 것은 이것이니 율법은 옳은 사람을 위하여 세운 것이 아니요 오직 불법한 자와 복종하지 아니하는 자와 경건하지 아니한 자와 죄인과 거룩하지 아니한 자와 망령된 자와 아버지를 죽이는 자와 어머니를 죽이는 자와 살인하는 자며 ¹⁰음행하는 자와 남색하는 자와 인신 매매를 하는 자와 거짓말하는 자와 거짓맹세하는 자와 기타 바른 교훈을 거스르는 자를 위함이니 _딤전 1:9-10

그러나 두려워하는 자들과 믿지 아니하는 자들과 흉악한 자들과 살인자들과 음행하는 자들과 점술가들과 우상 숭배자들과 거짓말하

는 모든 자들은 불과 유황으로 타는 못에 던져지리니 이것이 둘째

사망이라 _계 21:8

나는 너희를 위하여 기도하기를 쉬는 죄를 여호와 앞에 결단코 범

하지 아니하고 선하고 의로운 길을 너희에게 가르칠 것인즉

_삼상 12:23

묵상질문

성경에 나오는 죄의 목록을 읽으면서 내 안에 있는 죄들은 어떤 것이 있었는가? 그 죄들 중에서 아예 회개해보지도 못한 죄는 어떤 것이었는가?

_____

_____

이전에 회개했던 죄인데 여전히 있는 죄는 어떤 것이었는가?

_____

_____

정직하게 말해서, 이 죄들을 내 안에서 자세히 살피고 처절하게 회개한 적이 있었는가?

_____

_____

성경에 기록한 죄의 목록들만 아니라 거기서 파생된 죄들까지, 우리는 온통 죄투성이인 존재이다. 그리고 그 죄들이 여전히 자신에게 영향을 주고 있을 것이다. 그렇다면 이 죄들을 회개하여 버리지 않고서, 이 죄들에게서 영향받지 않을 방법이 있는가?

_____

_____

_____

구체적으로 죄를 회개한다

─────────────── 선악과 사건에서 살핀 것처럼, 죄
는 영적이다. 사람은 영이신 하나님에게서 나온 존재이기 때문이
다. 그러므로 아담과 하와의 잘못은 자신들의 결핍이 오직 하나님
안에 거할 때만 채워진다는 것을 잊은 것이다.

고백록을 썼던 어거스틴도 같았다. 그 역시 세상의 쾌락과 영광
을 추구하고 마니교에 빠져 살았다. 인생의 주인은 자기 자신이었
다. 하지만 그는 그토록 세상을 추구하였지만, 참된 만족을 얻지 못
한 채 탐욕과 쾌락, 헛된 영광을 추구하는 자신만을 발견할 뿐이었
다. 그것으로 인해 고통하며 살던 어느 날 밀라노의 한 정원에서 회
심의 경험을 하는데, 그때 비로소 그의 결핍이 사라진다. 그가 고백
록 1장 1절에서 고백한 내용이다.

"당신은 우리를 당신을 향해서(ad te) 살도록 창조하셨으므로 우리 마음이 당신 안에서 쉴 때까지는 편안하지 않습니다."(어거스틴의 고백록, 대한기독교서회, 1.1.1)

하나님 안에 거하는 순간, 그동안 어거스틴이 고통하던 모든 것으로부터 자유함을 누리고 참된 안식을 얻는다. 특히 그토록 욕망하여, 17살 때부터 동거를 시작하며 성적인 욕망에 사로잡혔던 그가, 회심 후 거기서부터도 자유해진다. 영적인 만족이 육적인 욕망을 제어하는 힘을 갖게 한 것이다. 그런 까닭에 바울은 '영으로써 몸의 행실을 죽이는'(롬 8:13) 것을 중요하게 여겼다. 육적인 것이 영적인 것과 연결되어 있다는 뜻이다.

죄와 싸워야 하는 이유

주님이 "죄에 대하여라 함은 그들이 나를 믿지 아니함이요"(요 16:9)라고 말씀하신 것에서 알 수 있듯이, 우리가 믿음이 깊어질수록 죄를 이기는 힘이 생기는 것은 당연하다. 그러므로 우리를 얽매고 있는 모든 죄로부터 벗어나는 가장 좋은 방법은 그리스도를 바라보는 것이다. 더 깊은 믿음에 이르기를 추구하는 것이다.

¹모든 무거운 것과 얽매이기 쉬운 죄를 벗어 버리고 인내로써 우리

앞에 당한 경주를 하며 ^{2}믿음의 주요 또 온전하게 하시는 이인 예수를 바라보자 _히 12:1-2

분명히 우리는 예수 그리스도의 대속적 죽음으로 모든 죄에서 해방되었다. 일회적이지만 영원한 효력의 대속이었다.

그러나 그리스도께서는 당신 자신을 오직 한 번 희생제물로 바치심으로써 죄를 없애주셨습니다. 이것은 영원한 효력을 나타내는 것입니다. _히 10:12, 공동번역

"그렇다면 우리가 회개할 필요가 없지 않은가?"라고 질문할 수 있다. 물론 우리의 죄는 모두 용서받았다. 그러므로 요한계시록에 기록된 것처럼 '죽은 자들이 자기 행위를 따라 책들에 기록된 대로 심판에 이르지' 아니한다(계 20:12). 우리의 구원은 우리의 행위와 공로 때문이 아니라 '죽임을 당한 어린 양의 생명책'(계 13:8,21; 27)에 기록되어 있기 때문이다. 곧, 어린 양 예수의 피로 이미 구원에 이르렀다.

내가 진실로 진실로 너희에게 이르노니 내 말을 듣고 또 나 보내신 이를 믿는 자는 영생을 얻었고 심판에 이르지 아니하나니 사망에서 생명으로 옮겼느니라 _요 5:24

그러므로 우리의 죄는 더 이상 존재하지 않으며, 구원에 이르는데 어떤 지장도 없다. 그렇다면, 계속 강조해온 것처럼 왜 계속해서 회개가 필요한 것인가? 그것은 우리가 그동안 지어왔던 죄들이 용서받았지만(칭의), 여전히 우리의 마음과 몸에 새겨져 있어서 우리에게 영향을 주기 때문이다. 하나님이 우리의 죄로 우리를 얽어매는 것이 아니라, 우리가 그 죄에 얽매어 있기 때문이다. 그런 까닭에, 이미 탕감받은 그 죄가 자라서 우리를 돌이킬 수 없는 죄와 사망으로 이끌 가능성에 노출되는 것이다. 죄가 자라나는 것을 방치해서는 안 되는 이유이다.

욕심이 잉태한즉 죄를 낳고 죄가 장성한즉 사망을 낳느니라 _약 1:15

이런 까닭에 우리는 끊임없이 회개로 나아가야 하는데, 더욱이 하나님이 우리의 죄를 기뻐하지 않으신다. 그래서 하나님은 우리가 짓는 죄에 대하여 징계하신다. 죄를 용서하신 것이지 죄가 괜찮다는 뜻은 아니기 때문이다. 우리가 죄와 싸워야 하는 이유이다.

⁴너희가 죄와 싸우되 아직 피흘리기까지는 대항하지 아니하고 ⁵또 아들들에게 권하는 것 같이 너희에게 권면하신 말씀도 잊었도다 일렀으되 내 아들아 주의 징계하심을 경히 여기지 말며 그에게 꾸지람을 받을 때에 낙심하지 말라 _히 12:4-5

분명 예수를 믿음으로 구원을 얻은 우리는 우리가 짓는 죄로 인해 구원을 방해받지는 않지만, 여전히 짓는 죄는 심각한 문제를 야기시킨다. 무엇보다 우리의 죄를 대속하신 주님의 은혜를 값싸게 하는 행위일 뿐 아니라, 주님의 정결한 신부로서 자신을 지키며 주님의 남은 고난에 동참하는 삶을 불가능하게 만든다. 또한 '모든 피조물들은 하나님의 아들들이 나타나기를 애타게 기다리고'(롬 8:19, 현대인의 성경) 있는데, 자신도 제대로 이기지 못하는 크리스천들의 존재는 이 세상을 여전히 고통의 세상이 되도록 방임하는 것과 같기 때문이기도 하다.

구체적으로 죄와 싸워야 할 세 영역

너희가 죄와 싸우되 아직 피흘리기까지는 대항하지 아니하고

_히 12:4

'죄와 싸우다'로 번역된 헬라어 문장을 직역하면 '죄를 피하지 않고 대항하며 싸우고 있다'(안티카테스테이테 프로스 텐 하마르디안 안타고니조메노이)라는 뜻이다. 이처럼 우선 우리는 죄와 싸워야 한다.

하지만 잊지 말아야 할 것이 있는데, 나의 능력으로 싸우는 것이 아니라는 점이다. 이 구절에서 '싸우다'로 번역된 '안티카테스테이

테'는 동사 '안타고니조마이'의 중간태 디포넌트이다. 이 동사가 중간태라는 것은, 해석은 능동적으로 하지만 이미 수동적 개입이 있다는 의미로, 우리가 싸우고자 할 때 성령께서 우리를 도우신다는 뜻이다. 또 한 가지, 히브리서 기자가 감사한 것은 아직 피 흘리기까지, 곧 죽음에 이를 만큼 심각한 상태가 아니라는 점이었다. 즉, 죄가 완전히 삼켜버려, 도무지 나의 의지로 죄를 이길 수 없이 점령된 상태가 아니라는 점이었다.

오늘 우리도 히브리서 기자가 말한 상태라면 감사한 일이다. 그러나 죄와 싸워야 한다. 절대로 죄의 노예가 되거나 영향에 무너지지 않고 주님의 정결한 신부로, 하나님의 거룩한 용사로서 이 세상을 살기 위해서이다. 우리가 회개하는 가장 큰 이유다.

이제 우리가 회개해야 할 죄들을 살피고 구분하여 회개할 필요가 있다. AD 345-399년에 활동했던 수도사 에바그리우스 폰티쿠스는 영적인 것과 육적인 것, 그리고 혼적인 것의 관계를 설명하였는데, 그는 세 가지 영역, 곧 욕구적 영역, 감성적 영역, 영적 영역으로 구분하였다.

첫째, 욕구적 영역(육체의 죄, 본능)

에바그리우스는 그가 구분한 세 가지 영역 중 우선 '욕구(육체)적 영역'에 속하는 것으로 식욕, 성욕, 물욕을 들었다. 이것들은 육체를 가진 인간이 갖고 있는 본능의 영역으로서 하나님이 우리를 창조하실 때 주어진 것들이다. 이것들 자체에 문제가 있는 것은 아니다. 우리가 누리는 먹고 소유하려는 욕구와 성적인 욕구는 매우 자연스러운 것이다. 전혀 잘못된 것이 아니다. 그런데 죄가 되었다. 그것은 원래 결핍된 존재인 인간이 하나님과 분리됨으로 오히려 더 강력히 소유하고자 하는 욕구가 생겼기 때문이다. 하지만 오직 하나님으로만 채워질 수 있는 만족이기에 아무리 채워도 채워지지 않았다. 아무리 많은 물질을 가져도 부족하고, 아무리 먹어도 만족함이 없고, 더 세고 더 강한 성적 쾌락을 이뤄도 만족이 이뤄지지 않았다. 거기서 '지나침'이 발생하였다. 결국 식욕의 '지나침'이 탐식으로, 물욕의 '지나침'이 탐욕으로, 성욕의 '지나침'이 음욕, 곧 음란으로 나타난 것이다. 죄가 된 것이다.

다음은 우리가 8장에서 살핀 성경에 기록된 죄들 중 '욕구(육체)적 영역'의 죄들만 정리한 것이다. 이 죄의 목록을 읽을 때, 가볍게 읽지 말고 자신 안에 있는 죄들을 자세히 살피고 힘들더라도 직면한다. 그리고 발견된 죄들은 V로 표시한다.

[　] 간음(실제적 행동)

[　] 거짓된 혀

[　] 교만한 눈

[　] 남색함(극단적 쾌락을 위한 동성애)

[　] 도둑질

[　] 돈을 사랑함(돈의 노예)

[　] 방탕함

[　] 부끄러운 말(욕설과 음담패설)

[　] 부모를 거역함(행위)

[　] 분냄(절제하지 못하는 분노)

[　] 불법

[　] 비방(무분별한 댓글 등과 중상 모략)

[　] 사기(속여 빼앗음, 실제적 행위)

[　] 성욕(창녀, 남의 아내를 탐함)

[　] 수군수군함(나쁜 뒷담화)

[　] 술 취함(정신을 잃을 정도의 음주)

[　] 악으로 달려가는 발

[　] 악한 정욕(극단적 쾌락을 위한 이성애)

[　] 음란(성욕을 제어하지 못함)

[　] 음탕(음란한 행위)

[　] 잠 자기를 즐겨함(체념과 극단적 게으름)

[　] 탐식(폭식)

[　] 피를 흘리는 손(폭력과 위해)

[　] 호색

[　] 흘기는 눈(무시와 깔봄)

1. 위의 죄의 목록을 읽으면서 내 안에 있는 죄들 중 여전히 나를 지배하고 있는 죄가 혹시 있다면 어떤 것들인가?

_____

_____

2. 이전에 분명히 회개하였지만, 눌러 붙어 있는 껍딱지처럼 여전히 있는 죄는 어떤 것들인가?

_____

_____

3. 절대로 극복할 수 없을 것 같은 죄가 있다면 그 죄는 무엇인가?

_____

_____

권면

이제 여전히 내가 범하고 있고 여전히 해결하지 못한 죄들을 기도수첩에 적은 후, 계속해서 이 죄들과 싸워 이기는 날까지 주님 앞에 내어놓고 매일 기도로 나아가기를 다짐한다.

자기의 죄를 숨기는 자는 형통하지 못하나 죄를 자복하고 버리는 자는 불쌍히 여김을 받으리라 _잠 28:13

둘째, 감성적 영역(흔들리는 마음)

육체적 영역의 결핍과 빈곤으로 인한 욕망은 육체의 문제이지만, 동시에 마음의 문제이기도 하다. 그것들을 에바그리우스는 슬픔, 분노, 그리고 게으름이라고 말했다.

우선 결핍된 존재의 경험으로 인한 감정적 대응이 '슬픔', 곧 멜랑콜리한 것으로 나타난다는 뜻이다. 같은 맥락에서, 아무것도 할 수 없는 무기력함, 그리고 하나님에 대한 포기가 '게으름' 혹은 '나태'이고, 착취당하고 뺏긴 자의 박탈감이 '분노'로 드러난다고 보았다. 이것의 방향이 하나님을 향할 때 열광적이고 극단적인 종교들이 생성되기도 하지만, 절망적인 무기력과 슬픔으로 만날 때는 자살로 드러나기도 한다.

다음은 앞에서 살핀 성경에 기록된 죄들 중 '감성적 영역'의 죄들만 정리하였다. 이 죄의 목록을 읽을 때, 역시 가볍게 읽지 말고 자신 안에 있는 죄들을 자세히 살피고 힘들더라도 직면한다. 그리고 발견된 죄들은 V로 표시한다.

[   ] 나태(게으름)

[   ] 슬픔(부정, 체념과 염세적 슬픔)

[   ] 분노(내면이 부글부글 끓고 있는 상태)

[   ] 불의

[   ] 바른 교훈을 거스림

[   ] 시기(질투, 훼방)

[   ] 악의(악한 마음과 생각)

[   ] 악을 도모함(악을 계획함)

[   ] 원수 맺음(용서하지 않음)

[   ] 이간(편견에 기초)

[   ] 자랑

[   ] 추악(생각의 더러움)

[   ] 탐심(만족할 줄 모르는 탐욕스러운 마음)

[   ] 흘기는 눈(악한 시선)

[   ] 거짓(음흉한 꾸밈)

[   ] 거짓 증언

[   ] 당 짓는 것(갈라치기)

[   ] 두려워함(온전치 못한 믿음에서 비롯)

[   ] 모욕(모독, 무가치하게 대상을 여김)

[   ] 무자비, 무정함(긍휼과 자비가 없는 마음)

[   ] 부모를 거역(마음의 불효)

[   ] 비방(이유없는 적대적 감정)

[   ] 사기(극단적 자기 이익을 추구함)

[   ] 살인(미움으로 마음에서 죽임)

[   ] 위선(겉과 속이 다른 이중 마음)

[   ] 흉악함

1. 위의 죄의 목록을 읽으면서 내 안에 있는 죄들 중, 혹시 여전히

나를 지배하고 있는 죄가 있다면 어떤 것들인가?

_____

_____

2. 이전에 분명히 회개하였지만, 눌러 붙어 있는 채 여전히 있는 죄는 어떤 것들인가?

_____

_____

3. 절대로 극복할 수 없을 것 같은 죄가 있다면 그 죄는 무엇인가?

_____

_____

권면

비록 실제로 행동하지 않아도 이미 마음에 들어서 있는 것 자체가 죄라는 사실이다. 방치한다면, 언제든 여건이 되면 실제적 죄로 드러남을 잊지 말아야 한다. 그러므로 내 안에 여전히 존재하는 이 죄들을 기도수첩에 적은 후, 계속해서 이 죄들과 싸워 이기는 날까지 주님 앞에 내어놓고 매일 기도로 나아가기를 다짐한다.

그 형제를 미워하는 자마다 살인하는 자니 살인하는 자마다 영생이 그 속에 거하지 아니하는 것을 너희가 아는 바라 _요일 3:15

셋째, 영적 영역(근본적 죄)

결국 영적인 영역의 만족이 이뤄지지 않는 한, 욕구적 본능은 만족을 얻지 못한 채 과도한 길로 발전되고 파생될 수밖에 없다. 어떤 것으로도 채워지지 않는 결핍된 존재인 인간은 오로지 하나님 안에서 온전한 만족을 얻을 수 있기 때문이다. 그러므로 이 모든 결핍과 빈곤의 근원은 영적인 문제이다.

그렇다면 모든 것이 채워지면 괜찮아지는가? 그래도 여전히 하나님으로 채워지기 전까지 어거스틴의 고백처럼 만족과 쉼을 누리는 것은 불가능하다. 그래서 끊임없이 채우려고 몸부림치는데, 절대적 만족이 아닌 까닭에 늘 상대적 빈곤을 느낄 수밖에 없다. 그래서 에바그리우스는 영적인 영역의 근본적인 죄를 명예욕, 교만, 시기심이라고 규정했다.

사실 아담과 하와가 선악과를 따먹으려 한 시도 자체가 '하나님의 하나님됨'을 무시하고 '교만'으로 나타난 것이다. 피조물로서의 결핍의 해결을 하나님께 의존하는 것으로 찾지 않고, 하나님이 되는 것으로 찾으려 한 것이다. 그래서 채워지지 않는 욕망이 가인의 경우처럼 과도한 '질투'를 낳았다.

그런데 모든 것들이 채워지는 순간부터 인간은 더 큰 교만으로 나아갔는데, 스스로 하나님같이 되고자 하는 욕망, 소위 '헛된 영광'을 추구하는 것이다. 그것이 인간 역사라고 해도 틀리지 않다.

다음은 앞에서 살핀 성경에 기록된 죄들 중 '영적 영역'의 죄들만 정리하였다. 이 목록을 읽을 때 역시 가볍게 읽지 말고 자신 안에 있는 하나님을 대적하며, 하나님으로부터 분리되려는 욕망이 있는지를 자세히 살피고 직면한다. 그리고 발견된 죄들은 V로 표시한다.

[　　] 명예욕(세상 영광을 추구함)

[　　] 교만(다른 사람을 무시함으로)

[　　] 헛된 영광

[　　] 우매함(영적으로 민감하지 못함)

[　　] 우상 숭배(음행)

[　　] 이단

[　　] 인신 매매(하나님 모독 행위)

[　　] 점술가(神을 빌어 점을 침)

[　　] 주술(神을 빌어 하는 저주 행위)

[　　] 피를 흘리는 손(하나님의 창조를 모독함)

[　　] 하나님을 두기 싫어함

[　　] 하나님을 잊어버림(하나님을 무시함으로)

[　　] 거룩하지 않음

[　　] 경건하지 아니함

[　　] 능욕(사람을 가볍게 여김)

[　　] 더러운 것

[　　] 망령됨

[　　] 믿지 아니함

[　　] 기도를 쉬는 것

1. 위의 죄의 목록을 읽으면서, 내 안에 있는 죄들 중 여전히 나를 지배하고 있는 죄가 혹시 있다면 어떤 것들인가?

_____

_____

2. 이전에 분명히 회개하였지만, 눌러 붙어 있는 채 여전히 있는 죄는 어떤 것들인가?

_____

_____

3. 절대로 극복할 수 없을 것 같은 죄가 있다면 그 죄는 무엇인가?

_____

_____

권면

가장 큰 죄가 '믿지 않는 것'인 이유는 하나님의 존재를 의심하거나 부정하기 때문이다. 그런 까닭에 믿지 않는 것이 가장 중요한 죄다. 그러므로 이것을 방치한다면, 언제든 여건이 되면 실제적 죄로 드러남을 잊지 말아야 한다. 그러므로 내 안에 여전히 존재하는 이 죄들을 기도수첩에 적은 후, 계속해서 이 죄들과 싸워 이기는 날까지 주님 앞에 내어놓고, 매일 기도로 나아가기를 다짐한다.

… 믿음을 따라 하지 아니하는 것은 다 죄니라 _롬 14:23

 묵상질문

육체적 영역, 감성적 영역, 그리고 영적 영역의 죄들 중에서 어느 부분이 나에게
더 지배적이었는가? 아마 세 영역이 서로 상호적으로 연결되어 있음을 느꼈을
것이다. 사실 가장 위험한 모습은 영적인 영역인 죄가 지배적이면서, 육체적 영
역과 감성적 영역의 죄들이 여전할 때이다. 나는 어떤 영역의 죄가 지배적인가?

날마다 죽어야 한다

—————————— 우리는 분명히 그리스도와 함께
십자가에 못 박혀 죽었다. 그것은 이미 주님이 이루신 사실이다. 이
놀라운 일을 이루신 주님을 믿는 순간, 우리는 우리의 모든 죄에서
놓임받았다. 이 놀라운 구속의 사건을 바울은 매우 신비로운 언어
로 표현하였다.

> 내가 그리스도와 함께 십자가에 못 박혔나니 그런즉 이제는 내가
> 사는 것이 아니요 오직 내 안에 그리스도께서 사시는 것이라
>
> _갈 2:20

십자가에 못 박혔다

"내가 그리스도와 함께 십자가에 못 박혔나니." 십자가에 못 박혔다는 것은 우리가 예수와 함께 십자가에 못 박혀 죽었다는 뜻이다. 그런데 우리가 진정 예수와 함께 십자가에 못 박혀 죽었는가? 그렇지 않다. 이 말씀의 비밀을 풀기 위해 본문을 잘 읽을 필요가 있다.

우선 "함께 못 박혔나니"는 헬라어로 한 단어 '쉬네스타우로마이' 인데, 완료수동태로 쓰여졌다. 그러니까 내가 스스로, 그리고 실제로 십자가에 못 박힌 것이 아니라, 그리스도가 십자가에 못 박힐 때 그리스도에 의해 나도 못 박혔다는 뜻이다. 그런데 완료형이다. 성취되었다는 뜻이다. 그 말은 우리의 모든 죄가 다 그리스도와 함께 못 박혀 사라졌다는 뜻이다.

더욱이 못 박힌 사건은 과거에 일어난 사건이다. 곧 예수께서 십자가에 못 박히실 때 우리도 못 박힌 것이다. 그래서 여기서 쓰인 단어 '아포다노멘'은 '죽다'는 뜻의 '아포드네스코'의 과거형이다. 이미 과거에 완료된 일이라는 뜻이다. 그때 우리는 우리의 모든 죄로부터 놓임받았는데, 이것이 죄에 대하여 죽은 것이다.

> [10]그가 죽으심은 죄에 대하여 단번에 죽으심이요 그가 살아 계심은 하나님께 대하여 살아 계심이니 [11]이와 같이 너희도 너희 자신을 죄에 대하여는 죽은 자요 그리스도 예수 안에서 하나님께 대하여는 살아 있는 자로 여길지어다 _롬 6:10-11

이 모든 것은 주님께서 하신 일이다. 그런 까닭에 완벽하다. 이제 우리는 더 이상 심판에 이르는 죄와는 상관없는 존재가 되었다. 그러므로 이제 내가 사는 것처럼 보이나 "그리스도께서 내 안에 사시는 것"(갈 2:20)이라고 바울은 고백한 것이다.

물론 이 사건은 아무에게나 벌어지는 것이 아니라 그리스도를 믿는 자에게 벌어진다. 요한복음 1장 12절에서 '그 이름을 믿는 자'란 '영접하는 자'를 말한 것에서 알 수 있듯이, 우리가 주님을 초청했기 때문에 벌어지는 것이다.

그때 그리스도께서 우리 죄를 지시고 십자가에 못 박힌 사건이 우리가 박힌 것과 동일하게 된다. 물론 우리가 박힌 것이 아니라 못 박히신 분이 그리스도 예수이시기에, 우리가 믿고 받아들이는 순간 우리도 동일하게 못 박힌 것이다. 이처럼 그리스도께서 이루신 우리의 구원은 완벽하다. 그러므로 우리는 분명히 죄에 대하여 죽었다. 완전히 끝났다. 그리스도의 대속은 완전하고 영원하다.

이제 처음부터 계속 질문해왔던 이 질문을 해야 할 것 같다.

'우리는 이미 죄에서 놓임받았는데 왜 또 죄를 회개해야 하는가?'

그리스도께서 이루신 구원은 영원히 유효하다. 우리는 믿음으로 천국에 들어간다. 이것은 분명한 것이지만, 문제는 여전히 우리가 죄를 짓는 존재라는 사실이다. 그 죄가 영원한 사망에 이르는 죄는 아니지만 하나님의 자녀로서 사는 삶을 방해하는 죄라는 사실이다. 예수를 믿고 하나님의 자녀가 되었지만 여전히 죄에 묶인 한심한 삶을 사는 것이다.

그래서 바울은 늘 죄에 무너지는 자신의 모습을 보며 괴로워했다. 로마서 7장에 그의 심각한 고민과 내적 싸움의 기록이 남아 있는데, 한 구절만 읽어도 그 심각성을 충분히 알 수 있다.

> 19내가 원하는 바 선은 행하지 아니하고 도리어 원하지 아니하는 바 악을 행하는도다 20만일 내가 원하지 아니하는 그것을 하면 이를 행하는 자는 내가 아니요 내 속에 거하는 죄니라 _롬 7:19-20

하나님의 사람으로 사는 것을 방해하는 것은 바로 바울 자신이었고, 자신을 지배하는 것은 바울 속에 거하는 죄였다. 그런데 바울이 깨달은 것은, 그같은 자신이 하루 아침에 이뤄진 것이 아니라 오랜 시간 동안 만들어졌다는 사실이었다. 그 모습을 바울은 "유혹의 욕심을 따라 썩어져 가는 구습을 따르는 옛 사람"(엡 4:22)이라고 고백하였다. 오랜 시간 동안 익숙해진 일종의 프로그램 같은 것이었다. 죄를 짓는 것이 쉽고 자연스러운 존재였다.

이같은 이유 때문에 그리스도 예수의 사람들은 오랜 시간 동안 만들어진 옛사람과의 영적인 싸움을 하였다. 그것이 그리스도 안에서 새로운 존재가 된 새 사람의 싸움이었다. 그 싸움은 오랜 시간 동안 욕심을 좇아 만들어진 옛 사람(old self)과의 싸움이었다. 그리스도 예수의 사람들은 다 그렇게 싸웠다.

그리스도 예수의 사람들은 육체와 함께 그 정욕과 탐심을 십자가에

못 박았느니라 _갈 5:24

바울은 이같은 싸움을 매일 하였다. 단 하루도 멈추지 않았다고 고백하였다.

> 형제들아 내가 그리스도 예수 우리 주 안에서 가진 바 너희에 대한 나의 자랑을 두고 단언하노니 나는 날마다 죽노라 _고전 15:31

날마다 죽다

바울이 말한 "나는 날마다 죽노라"는 수사학적인 표현이 아니라 실제적 죽음을 매일 살았다는 뜻이다. 그런 까닭에 "날마다 죽노라"의 시제는 현재 능동태이다. 헬라어 현재 시제의 의미가 과거 어느 시점부터 시작하여 현재를 포함하여 계속되는 것을 의미하기 때문에 바울은 날마다 죽는 것을 멈춘 적이 없다는 뜻이다. 그 이유를 제시 펜 루이스가 이렇게 설명하였다.

> "우리의 육이 계속적으로 십자가에 넘겨져 지속적인 죽임을 당할 때만이 그 육신의 행위를 작동시키는 인간의 타락한 본성은 처리함을 받고 우리 안에 있는 모든 육신의 행위는 끝장이 날 것이다."(제시 펜 루이스, 십자가의 도, 두란노, 39)

그렇다면 우리는 우리의 죄를 해결하기 위하여 날마다 죽는 삶, 곧 십자가에 못 박는 삶을 어떻게 살 것인가?

우리가 그리스도와 함께 십자가에 못 박혀 칭의적 구원에 이른 것이라면, 이제 하나님의 자녀로 온전해지기 위해 우리가 스스로 십자가에 못 박는 삶을 살아야 한다. 성화적 구원을 이루기 위해서이다. 쉽게 말하면 더 이상 육체의 욕망을 따라 살지 않고, 육체가 하나님의 뜻에 의해 움직이는 존재가 되기 위해서이다.

¹³너희가 육신대로 살면 반드시 죽을 것이로되 영으로써 몸의 행실을 죽이면 살리니 ¹⁴무릇 하나님의 영으로 인도함을 받는 사람은 곧 하나님의 아들이라 _롬 8:13-14

핵심은 '영으로써 몸의 행실을 죽이는 것'이다. 그렇다면 어떻게 영으로 육체를 죽일 수 있는가? 이를 위해 제일 먼저 우리의 영이 하나님의 영의 온전한 통치가 이뤄진 상태에 이르러야 한다. 그런데 불가능하다, 정욕과 탐심이 지배하는 육체를 따라 살고 있기 때문이다. 그런 까닭에 육체를 죽이는 것이 필요하다고 말한 것이다.

감사한 것은, 우리가 믿을 때 성령이 우리 안에 있다는 점이다. 단지 우리의 육체가 성령의 통치를 온전히 받아들이지 않는 상태일 뿐이다. 그러므로 먼저 욕망을 좇아 살아온 육체를 해결해야 한다. 사실 주님은 가이사랴 빌립보에서 제자도를 말씀하실 때 이미 그 방법을 말씀하셨는데, 바로 자기부인 명령이다.

그렇다면 자기부인은 구체적으로 어떻게 하는 것인가? 문자 그대로 자기주장과 자기욕망을 내려놓는 행위로부터 시작되는데, 그 시작이 바로 성령을 기다리는 것이다.

하지만 기다리는 것은 아무것도 하지 않는 것이 아니라 우리 안에 있는 성령을 거스르는 것들, 즉 바울이 고백한 죄를 제거하고 부정하는 시간을 가져야 한다. 구체적으로는 내 안에 존재하는 괴물 같은 것들, 숨어 있다가 어떤 계기가 주어지면 스멀스멀 나오는 생각들을 말하는데, 주님은 그것이 사람을 더럽히는 것이라고 말씀하셨다.

[19]마음에서 나오는 것은 악한 생각과 살인과 간음과 음란과 도둑질과 거짓 증언과 비방이니 [20]이런 것들이 사람을 더럽게 하는 것이요 _마 15:19-20

마음에 이같은 것들이 존재한다는 뜻이다. 이것들이 육체와 연동하여 어떤 충격과 동기가 주어지면 생각이 드러나고, 생각이 드러나면 육체는 움직이게 프로그램된 것이다.

날마다 죽는 세 가지 방법

우리는 지금까지 성경에 나오는 죄의 목록들을 보면서 내 안에 있는 죄를 찾아내고 회개하는 시간을 가져왔다. 그와 같은 죄의 존재를 살피고 회개하는 것은 중요하다. 여기서 계속된 죄의 회개를 위해 매우 실제적인 방법 세 가지를 소개하고자 한다. 바로 침묵기도 회개, 말씀묵상 회개, 그리고 기도노트를 사용한 회개다.

침묵기도 회개

먼저 침묵기도를 통한 회개가 유용하다. 지금까지 우리는 회개하였지만 우리 의식에 떠오르는 죄를 주로 회개했을 것이다. 우리 안에 비활성화된 죄들, 그러나 언제나 활동할 수 있는 죄들을 확인하지 못했다. 이런 관점에서 수동적 기도로서 침묵기도는 매우 유용하다. 침묵기도는 내가 무엇을 하는 행위가 아니라, 나를 개방하여 성령께서 통치하도록 내어놓는 기도이기 때문이다. 그런 점에서 가장 적극적인 회개의 기도일 수 있다.

침묵기도를 시작할 때는 첫째, 거룩한 단어를 정한다. 거룩한 단어는 내 안에 계신 하나님께서 내 안에 임재하시고 역사해주시기를 소망하고 동의하는 의지와 의도를 상징하는 것이다. 예수님의 기도 전통과 한국교회 전통을 좇아 '주님', '주여', 혹은 '예수여'라는 단어를 쓸 수 있다.

둘째, 편안히 앉아 조용히 눈을 감는다. 그리고 나 자신의 내면 안에서 하나님의 임재와 역사하심에 동의하는 의지와 의도의 상징인 거룩한 단어를 부드럽게 의식 위에 떠올린다.

셋째, 침묵기도를 하는 동안 죄된 생각이 떠올랐다고 인식되면 조용히 거룩한 단어, 예를 들어 '주님'을 내면에서 속삭이므로 조용히 그리고 아주 부드럽게 그 생각을 물 흐르듯이 내보내는데, 호흡을 길게 내뱉으면서 흘려보낸다. 그리고 숨을 들이마시면서 '나를 불쌍히 여기소서'라고 속으로 기도한다.

넷째, 어떤 생각이 떠오르지 않으면 침묵으로 하나님의 현존 안에 거한 채로 있으면 되며, 거룩한 단어는 생각이 떠올랐을 때만 사용한다.(이를 위해 참조할 책 : 하정완, 21일 침묵기도 연습하기, 생명의말씀사)

말씀묵상 회개

가장 중요한 것은 말씀이다. 내 안에 오랫동안 존재하는 프로그램된 생각들을 제거하는 회개와 함께, 말씀묵상을 통해 회개하는 방법이 중요하다. 말씀은 그 자체로 놀라운 능력이기 때문이다.

[12]하나님의 말씀은 살아 있고 활력이 있어 좌우에 날선 어떤 검보다도 예리하여 혼과 영과 및 관절과 골수를 찔러 쪼개기까지 하며 또 마음의 생각과 뜻을 판단하나니 [13]지으신 것이 하나도 그 앞에 나타나지 않음이 없고 우리의 결산을 받으실 이의 눈 앞에 만물이 벌거벗은 것 같이 드러나느니라 _히 4:12-13

우선 가장 중요하게 필요한 것이 말씀묵상인데, 말씀묵상은 렉시오 디비나 방식을 좇을 필요가 있다. 처음부터 듣기 위해 말씀을 읽는 태도를 말한다. 그런 까닭에 속독이나 통독보다 말씀을 깊이 묵상하는 것이 중요하다.

이같은 말씀묵상 중 말씀이 자신의 죄를 건드려서 찔림이 오면 침묵기도 방식으로 거룩한 단어를 사용하여, 호흡을 내쉬면서 흘려보낸다. 그리고 들이마시면서 '나를 불쌍히 여기소서'라고 기도한다. 이때 이 죄에서 떠나겠다고 고백한다. 마음을 바꾸는 것이다. 그리고 그 떠오른 죄들을 회개기도 목록에 적어 해결될 때까지 계속 기도한다. 물론 소리를 내어 기도하는 것도 좋다. 하지만 침묵기도 방식을 사용하는 것은 어떤 상황에서도 할 수 있는 장점이 있다.(이를 위해 참조할 책 : 하정완, 하나님의 음성을 듣는 큐티, 규장)

회개기도노트

우리가 앞에서 살폈던 1만 달란트 탕감 받은 자가 어리석은 행동을 한 이유는 무엇인가? 그것은 바로 자신이 엄청난 빚을 진 자였다는 사실을 잊은 것이다. 잊은 것이 문제였다.

순간, 이런 생각이 들 수 있다. '그렇다면 늘 죄를 기억하며 죄책감을 가지고 살라는 말인가?' 물론 아니다. 정확하게 말하면 죄를 잊지 않으므로 하나님의 은혜를 기뻐하고 감사하며 살기 위해서다. 죄를 기억하고 늘 자신을 살피는 것은 온전히 죄에서 벗어나는 매우 중요한 방법이다.

그러므로 죄를 기억하는 방법으로서 기록하는 것은 중요하다. 소위 회개기도문을 적어두고 늘 기도하는 것이다. 나의 경우 개인적인 침묵기도를 하는 중이거나 말씀을 묵상하던 중에 찔림이 오는 죄들을 잊지 않으려고 기도노트에 적어놓고 늘 기도한다. 그렇게 적어둔 것들 중에서 몇 개의 회개기도문을 소개하면 다음과 같다.

- 삯군, 거짓 예언자는 아닌지, 자기 기만, 자기 도취형 목회자는 아닌지를 늘 돌아보게 하시고 깨어 있게 하옵소서.

- 개가 토한 것을 다시 먹듯이 반복적인 죄를 범하는 것은 미성숙이지만 동시에 수치입니다. 성숙하지 못한 것은 어리석음입니다. 주여, 용서하옵소서.

- 나의 죄를 드러내지 않으신 것은 은혜입니다. 늘 겸손하게 하시고 끝까지 바른 경주를 하게 도와주옵소서. 절대로 놓치지 않게 하옵소서. 아직도 내 안에 악이 함께 있습니다. 마음의 생각마저 통치되게 하옵소서.

나의 경우 그동안 죄의 회개와 영적 각성과 성숙을 위한 기도문을 쓰면서 기도해왔는데, 현재까지 2400개 정도의 기도문이 있다. 그것들 중 상당수는 이미 해결되었지만, 아직도 내게 눌러 붙어 있는 죄의 문제들이 있다. 그런 의미에서 기도노트에 적어놓고 해결될 때까지 계속 기도하는 것은 중요한 영적 행위라 할 것이다.(이를 위해 참조할 책 : 하정완, 절대 1시간 기도, 아르카)

 묵상질문

영적인 깊이에 이른 삶을 살았던 바울이 "나는 날마다 죽노라"(고전 15:31)라고 고백하며 살았다면, 우리에게는 두말할 것도 없을 것이다. 날마다 죄를 죽이고 회개하는 것은 중요하다. 그때 우리는 하나님이 쓰실 만한 의의 병기가 될 것이기 때문이다. 그것이 하나님의 자녀가 이뤄야 할 그리스도인의 완전이기 때문이다. 어떻게 생각하는가?

하나님의 계획

우리가 회개하는 것은 예수를 믿기 위함이지만, 그것이 끝이 아니다. 회개의 깊이는 단순히 죄를 열거하여 회개하는 것을 넘어, 방향을 완전히 주님에게로 돌리는 것에 있다. 이때 우리에게 필요한 것은 바울의 고백처럼 매일 죽는 것이다. 곧 자기부인의 삶이며, 구체적으로 나를 묶고 있는 모든 죄로부터 벗어나야 하는 것이다. 그렇게 해야 하는 이유를 바울은 이렇게 말했다.

우리 살아 있는 자가 항상 예수를 위하여 죽음에 넘겨짐은 예수의 생명이 또한 우리 죽을 육체에 나타나게 하려 함이라 _고후 4:11

다른 존재가 되다

우리가 매일 자신을 부인하고 죽음에 우리를 넘기는 삶을 살 때, 우리는 다른 존재로 변화될 것이다. 그리스도가 우리 안에 거하시는 삶을 살게 되는 것이다.

> 내가 그리스도와 함께 십자가에 못 박혔나니 그런즉 이제는 내가 사는 것이 아니요 오직 내 안에 그리스도께서 사시는 것이라
>
> _갈 2:20

그런 까닭에 예수의 생명이 우리 죽을 육체에 나타난다. 우리가 죽음에 내어지므로 새로운 생명이 주어졌기 때문이다. 이같이 새로운 생명이 되었다는 것은 그리스도의 영이 우리 안에서 속삭이신다는 뜻이고, 우리는 그 속삭임에 반응하므로 그동안 살던 삶의 방식을 바꾸는 일이 일어나게 된다.

〈십자가의 도〉를 쓴 제시 펜 루이스는 이것을 "그리스도께서 우리를 다스리시는 상황인 까닭에 아무것도 스스로 할 수 없는 것으로 나타난다"고 말한다.

> "우리의 옛 사람은 제멋대로였지만, 이제 그리스도께서 우리의 중심이 되고, '내'가 십자가에 넘겨졌을 때 우리의 삶은 빛 가운데 거하며 그리스도의 다스림을 받게 된다."(제시 펜 루이스, 십자가

의 도, 두란노, 45)

제시 펜 루이스는 '다스림'이라고 표현했지만, 엄밀하게 말하면
'일치'이다. 그리스도와 일치됨으로 그리스도의 뜻이 나의 뜻이 되
었기 때문이다. 이같은 모습은 하나님과 예수 그리스도와의 관계에
서 잘 드러난다.

> 예수께서 그들에게 말씀하셨다. "내가 진정으로 진정으로 너희에게
> 말한다. 아들은 아버지께서 하시는 것을 보는 대로 따라 할 뿐이요,
> 아무것도 마음대로 할 수 없다. 아버지께서 하시는 일은 무엇이든
> 지, 아들도 그대로 한다. _요 5:19, 새번역

"아무것도 마음대로 할 수 없다." 그것은 하나님이 그리스도 예수
를 통치하기 때문이 아니라, 하나님과 예수 그리스도가 하나인 까
닭에 벌어지는 것이다. 또한 놀라운 것은 주님께서 하나님과 하나
가 된 것처럼, 우리 역시 그리스도 안에서 하나가 되어 하나님과의
일치를 이루는 것이 주님의 뜻이라는 점이다. 예수가 유월절 식사
자리에서 했던 기도가 바로 그 내용이다.

> [17]내가 비옵는 것은 이 사람들만 위함이 아니요 또 그들의 말로 말미
> 암아 나를 믿는 사람들도 위함이니 아버지여, 아버지께서 내 안에,
> 내가 아버지 안에 있는 것 같이 그들도 다 하나가 되어 우리 안에 있

게 하사 세상으로 아버지께서 나를 보내신 것을 믿게 하옵소서

_요 17:20-21

그러므로 바울이 말한 새로운 피조물이란 바로 이같은 존재로서의 새로움, 곧 질적인 차이를 가진 존재를 말한다.

그런즉 누구든지 그리스도 안에 있으면 새로운 피조물이라 이전 것은 지나갔으니 보라 새 것이 되었도다 _고후 5:17

구체적으로 새로운 피조물이란 어떤 존재인가? 여기서 우리가 주의해야 할 것은 주님이 하신 말씀이 내포하고 있는 내용이다. 주님은 아무것도 마음대로 하지 않았다. 그것은 하나님과 하나가 되었기 때문이지만, 동시에 이런 의미이다.

아버지께서 하시는 일은 무엇이든지, 아들도 그대로 한다.

_요 5:19b, 새번역

우리도 예수처럼 한다

하나님 아버지가 하시는 일을 아들 예수도 한다는 말은 동일한 능력이 있다는 뜻이다. 하나님의 아들 예수이시니까 당연하다고 생각

할지 모르지만, 이 말씀이 얼마나 놀라운 말씀인지 예수의 다음 말씀을 읽으면 알 수 있다. 왜냐하면 우리에게도 같은 능력이 생긴다는 뜻이기 때문이다.

> 내가 진실로 진실로 너희에게 이르노니 나를 믿는 자는 내가 하는 일을 그도 할 것이요 또한 그보다 큰 일도 하리니 이는 내가 아버지께로 감이라 _요 14:12

"나를 믿는 자는 내가 하는 일을 그도 할 것이다." 이 말씀은 앞에서 우리가 언급한 주님의 말씀, "아버지께서 하시는 일은 무엇이든지, 아들도 그대로 한다"(요 5:19, 새번역)는 말씀과 같은 뜻이다. 그러므로 요한복음 14장 12절 말씀은 우리에게도 그리스도 예수와 같은 능력이 생긴다는 뜻이다. 놀라운 말씀이 아닐 수 없다. 그래서 주님은 당신과 우리가 하나가 될 때 벌어지는 권세를 이렇게 말씀하셨다.

> 너희가 내 안에 거하고 내 말이 너희 안에 거하면 무엇이든지 원하는 대로 구하라 그리하면 이루리라 _요 15:7

이같은 이유로 바울은 새로운 피조물인 우리를 단순하게 쳐다볼 수 없고 그냥 육체로만 판단할 수 없다는 이야기를 한 것이다.

> 그러므로 우리가 이제부터는 어떤 사람도 육신을 따라 알지 아니하노라 비록 우리가 그리스도도 육신을 따라 알았으나 이제부터는 그같이 알지 아니하노라 _고후 5:16

이미 다른 존재인 까닭에 세속적 기준으로 그 사람을 평가하는 것은 의미가 없는 일이란 뜻이다. 다른 존재, 곧 새것이 되었기 때문이다. 그러므로 퇴보하고 있거나 정체되어 있다면, 먼저 영적인 상태를 점검하는 것이 옳다. 이미 다른 것이, 다른 생각이, 다른 교훈이 들어왔기 때문이어서, 벌써 영적 나태로, 혹은 어리석은 열심에 빠졌기 때문일 것이다.

우리가 온전히 회개함으로 정결해지면 정결해질수록, 성령은 우리 안에서 쉼없이 역사하시며, 우리를 바꾸시고 물들이시고 새롭게 하실 것이다. 우리는 당연히 하나님과 더 가까워지고, 하나님께로 더 나아가는 진보가 이뤄질 수밖에 없다. 끊임없는 성숙이 이뤄져 가며, 마침내 그리스도에게까지 이르게 된다. 사실 그것이 하나님의 계획의 완성이다.

> [13]우리가 다 하나님의 아들을 믿는 것과 아는 일에 하나가 되어 온전한 사람을 이루어 그리스도의 장성한 분량이 충만한 데까지 이르리니… [15]오직 사랑 안에서 참된 것을 하여 범사에 그에게까지 자랄지라 그는 머리니 곧 그리스도라 _엡 4:13,15

이처럼 그리스도의 장성한 분량이 충만한 데까지 이른 존재가 이 세상을 살 때, 비로소 하나님 나라가 실현될 것이다. 그들이 바로 모든 피조물이 고대하고 있는 하나님의 아들들이기 때문이다.

> 피조물이 고대하는 바는 하나님의 아들들이 나타나는 것이니
> _롬 8:19

그러므로 우리가 죄에 묶이지 않고 자유하며 세상을 사는 것이 우리가 반드시 이뤄야 할 모습인 것이다.

우리가 마지막으로 기억할 것이 있다. 로렌스 형제가 얘기했듯이 "영적인 세계에서 진보하지 않는 것은 곧 퇴보"(로렌스 형제, 하나님의 임재연습, 두란노, 51)라는 사실이다. 그 진보를 막는 것이 죄라는 사실이고 말이다.